O DIREITO DE EXONERAÇÃO DOS SÓCIOS NAS SOCIEDADES POR QUOTAS

JOÃO CURA MARIANO
Juiz

O DIREITO DE EXONERAÇÃO DOS SÓCIOS NAS SOCIEDADES POR QUOTAS

ALMEDINA

O DIREITO DE EXONERAÇÃO DOS SÓCIOS NAS SOCIEDADES POR QUOTAS

AUTOR
JOÃO CURA MARIANO

EDITOR
EDIÇÕES ALMEDINA, SA
Rua da Estrela, n.º 6
3000-161 Coimbra
Tel: 239 851 904
Fax: 239 851 901
www.almedina.net
editora@almedina.net

EXECUÇÃO GRÁFICA
G.C. GRÁFICA DE COIMBRA, LDA.
Palheira – Assafarge
3001-453 Coimbra
producao@graficadecoimbra.pt

Março, 2005

DEPÓSITO LEGAL
224187/05

Toda a reprodução desta obra, por fotocópia ou outro qualquer processo,
sem prévia autorização escrita do Editor,
é ilícita e passível de procedimento judicial contra o infractor.

NOTAS PRÉVIAS

Este estudo corresponde, com ligeiras correcções formais e actualizações relativas às alterações entretanto verificadas no direito italiano, ao relatório final por mim apresentado em Outubro de 2002 na disciplina de Direito Comercial, do Curso de Mestrado, da Faculdade de Direito da Universidade Católica Portuguesa, regida pelo Prof. Dr. Fernando Pessoa Jorge, a quem agradeço todos os ensinamentos ministrados na área do direito societário.

Apesar de ser possível a um sócio de uma sociedade por quotas ser titular de diversas participações sociais, resultando a execução do direito de exoneração na perda de todas essas quotas, neste estudo, por facilidade de exposição, a maior parte das vezes apenas se terá como pressuposto a situação-regra de que um sócio é titular de uma única quota.

A referência a obras doutrinárias ou a decisões jurisprudenciais em nota de rodapé, sem qualquer indicação, significa que a ideia expressa no texto, assinalada com a respectiva nota, consta daquelas obras e acordãos, nos locais mencionados.

Os livros e artigos citados em nota de rodapé são referidos pelo nome do autor, o título, algumas vezes abreviado, e a publicação, no caso dos artigos de revista. O título integral, a editora do livro, o ano, o número e o local da edição são referidos na indicação final da bibliografia consultada.

Não se considerou jurisprudência respeitante a decisões cuja publicação se reduz ao seu sumário.

Apenas se teve em consideração a legislação, obras doutrinárias e jurisprudência publicadas até 31 de Janeiro de 2005.

ABREVIATURAS

B.F.D.U.C.	Boletim da Faculdade de Direito da Universidade de Coimbra.
B.M.J.	Boletim do Ministério da Justiça.
C.C.	Código Civil.
C. Comercial	Código Comercial.
C.J.	Colectânea de Jurisprudência.
C.J. (Ac. do S.T.J.)	Colectânea de Jurisprudência – Acórdãos do Supremo Tribunal de Justiça.
C.O.	Código das Obrigações (Suíço).
C.P.C.	Código de Processo Civil.
CPEREF	Código dos Processos Especiais de Recuperação da Empresa e de Falência.
CIRE	Código da Insolvência e da Recuperação de Empresas.
C.R.C.	Código do Registo Comercial.
C.S.C.	Código das Sociedades Comerciais.
D.L.	Decreto-Lei.
Gmbh	Gesellschaft mit beschränkter Haftung.
L.S.Q.	Lei das Sociedades por Quotas.
POC	Plano Oficial de Contabilidade.
R.L.J.	Revista de Legislação e de Jurisprudência.
R.O.A.	Revista da Ordem dos Advogados.
R.D.E.	Revista de Direito e Economia.
R.D.E.S.	Revista de Direito e de Estudos Sociais.
R.M.P.	Revista do Ministério Público.
R.T.	Revista dos Tribunais.
S.I.	Scientia Iuridica.
S.T.J.	Supremo Tribunal de Justiça.

INTRODUÇÃO

O estabelecimento de qualquer relação contratual cria vínculos limitadores da própria liberdade dos outorgantes, pelo que se revela necessária a existência de mecanismos que lhes permitam libertar-se dessas amarras em situações justificadas.

Se a liberdade de vinculação se vem a apurar viciada, se o equilíbrio acordado sofre alterações significativas, se já não é possível atingir a finalidade perseguida com a celebração do contrato, ou se, nas relações duradouras, o tempo decorrido esvaneceu a força criadora da vontade negocial, o direito deve assegurar a possibilidade do contraente desconfortável recuperar a sua liberdade de acção. A planta de edificação do contrato tem de prever o número de saídas suficientes para que ninguém permaneça prisioneiro na construção realizada, em caso de necessidade de abandono justificado.

Esta preocupação sente-se particularmente no contrato de sociedade, não só porque dele resulta uma organização que se distancia do acordo criador, ganhando contornos e conteúdos que evoluem com o seu desenvolvimento, como também, ao perseguir um fim comum a todos os associados, prejudica-a a manutenção forçada de quem não tem interesse e razões para continuar[1]. Contudo, uma política legislativa excessivamente individualista e liberal, que trans-

---

[1] Como escreveu CHRISTIAN DESCHAMPS, em *La liberté de se retirer d' une société*, em Récueil Dalloz Sirey, 1978, 20.º Cahier, pág. 123, *"L' indivu est la racine du groupe, aurait-il seulement l'idée de le constituer. Mais s'il ne parvient pas à s' y épanouir ou à le dominer, il ne lui reste que l'agression ou l'echappatoire"*.

formasse a sociedade num espaço jurídico de trânsito franco, em que qualquer um podia entrar e sair quando assim o entendesse, poria em causa a coesão necessária à obtenção dos objectivos da organização e tornaria insustentavelmente instáveis as garantias daqueles que contratam com a sociedade.

Qualquer regulamentação neste domínio terá que ter presente estas ideias força, encontrando o seu ponto de equilíbrio na definição da amplitude e características das causas de admissibilidade da desvinculação unilateral e sobretudo no seu modo de exercício.

No direito português actual, além da admissão tópica do direito dos sócios se desvincularem de um contrato de sociedade, encontramos sistematizados de forma independente três regimes de configuração distinta para esse direito: o das sociedades civis (art.º 1002.º, do C.C.), o das sociedades em nome colectivo (art.º 185.º, do C.S.C.) e o das sociedades por quotas (art.º 240.º, do C.S.C.). Relativamente às sociedades anónimas, além das imposições casuísticas legais de um direito de exoneração aplicáveis a todos os tipos de sociedade (art.º 3.º, n.º 6, 45.º, 137.º e 161.º, do C.S.C.), discute-se o modo do seu exercício e a possibilidade de serem convencionados no pacto social outros fundamentos para o abandono da sociedade pelos sócios[2]. Nas sociedades em comandita simples, aplica-se, com as necessárias adaptações, o regime das sociedades em nome colectivo (art.º 474.º, do C.S.C.) e, nas sociedades em comandita por acções, o das sociedades anónimas (art.º 478.º, do C.S.C.).

---

[2] MARIA AUGUSTA FRANÇA, em *Direito à exoneração,* em *Novas perspectivas do direito comercial,* pág. 219-221, BRITO CORREIA, em *Direito comercial,* 2.º vol., pág. 458, e COUTINHO DE ABREU, em *Curso de direito comercial,* vol. II, pág. 423-424, defendem a existência de um direito de exoneração nas sociedades anónimas de livre estipulação no pacto social e por imposição nos casos dos art.º 3.º, n.º 6, 45.º, 137.º e 161.º, do C.S.C., parecendo sustentar a aplicação subsidiária do modo de exercício deste direito estabelecido para as sociedades por quotas.

JOÃO LABAREDA, em *Das acções das sociedades anónimas,* pág. 305-320, apenas reconhece a existência de um direito de exoneração, quando imposto pelas disposições legais citadas, apenas admitindo a sua consagração convencional para as operações de fusão ou cisão de sociedades, por força do disposto nos art.º 105.º e 120.º, do C.S.C..

Em todos estes regimes sistematizados, o poder do sócio se desvincular unilateralmente da relação societária é actualmente nomeado como direito de exoneração, surgindo algumas vezes nas previsões esparsas sem qualquer denominação.

O presente estudo restringir-se-à ao estudo da figura do direito de exoneração dos sócios nas sociedades por quotas [3].

Esta sociedade, que resultou duma criação bem sucedida do legislador alemão de 1892, espalhou-se por todo o mundo, satisfazendo a necessidade de limitar a responsabilidade dos sócios das pequenas e médias empresas, sem as sujeitar ao complexo funcionamento aberto das sociedades anónimas. Neste tipo societário, as pessoas dos sócios empresários ganham importância, permitindo-se a construção de organizações fechadas, em que os seus membros têm um importante papel na actividade social e dificilmente permitem a entrada de novos associados no grupo. É esta possibilidade de criação duma estrutura opressiva que exige a construção de escapatórias que impeçam que um sócio fique prisioneiro da sua obra.

E se, numa primeira abordagem pragmática, poderíamos afirmar que o recurso à liberalização da figura da cessão de quotas seria suficiente para satisfazer aquela exigência, garantindo mobilidade aos sócios, se tivermos presentes o espírito "familiar" das sociedades por quotas, verificamos que muitas vezes será difícil encontrar interessados na aquisição das participações sociais. Daí que se justifique a existência de um direito de exoneração como figura de utilização residual que garanta a liberdade dos sócios quebrarem os vínculos societários em situações justificadas.

Alguns sistemas, como o francês, além de imposições casuísticas de um direito a retirar-se da sociedade, têm encontrado essas

---

[3] Correspondendo este estudo a um relatório académico elaborado na disciplina de direito comercial, estava desde logo afastado o regime das sociedades civis, e perante a raridade das sociedades em nome colectivo, fácil foi a opção pela restrição do tema ao direito de exoneração nas sociedades por quotas, uma vez que esse direito de exercício raro nas sociedades anónimas, nos casos admissíveis deve seguir o regime previsto para as sociedades por quotas, com as necessárias adaptações

válvulas de segurança da liberdade individual na imposição de regras que facilitem a livre transmissão das quotas e na exigência de unanimidade de opiniões nas grandes modificações do estatuto societário. Outros, como o alemão, enquanto admitem o estabelecimento de cláusulas convencionais de exoneração, têm deixado à jurisprudência o papel de permitir a saída dos sócios neste tipo de sociedades, através da aplicação casuística de um conceito aberto de "justa causa"[4]. Outros ainda, como o italiano (art.º 2473 do Codice Civile), o espanhol (art.º 95 a 97, da Ley 2/1995, de 23-3), o suíço (art.º 822, do Code des Obligations) e o português (art.º 240.º, do C.S.C.), procuraram regular expressamente um direito de desvinculação unilateral (*diritto di recesso*, *derecho de separacion*, *droit de sortie* e direito de exoneração), apontando os seus fundamentos e dirigindo o modo do seu exercício.

É sobre o regime do direito de exoneração dos sócios nas sociedades por quotas, estabelecido no nosso Código das Sociedades Comerciais, que iremos tentar definir os seus contornos e conteúdo, apontando as suas características essenciais e distinguindo-o de figuras vizinhas. Um regime que partindo duma visão contratualista, não deixou de, algumas vezes, escapar aos princípios do direito dos contratos, para encarar a existência duma organização produtora de riqueza, com um funcionamento diferente das relações negociais.

Seguidamente, faremos uma análise das diferentes causas constitutivas do direito de exoneração e do seu modo de exercício. E terminaremos com o estudo das consequências da sua execução e do seu incumprimento.

Este caminho não será iniciado sem primeiro efectuarmos um rápido sobrevoo sobre a evolução histórica desta figura no direito

---

[4] Era essa também a solução do Projecto Alemão de reforma das sociedades por quotas de 1971 (§ 211 do *Regierungsentwurf*) que previa a possibilidade de exoneração dos sócios em caso de motivo grave, considerando-se que integravam este conceito as situações em que a sociedade tomava medidas através das quais as suas relações jurídicas ou económicas resultavam de tal forma alteradas que não era razoável impor ao sócio que as suportasse.

português, uma vez que o seu regime actual traduz um percurso evolutivo que não deve ser ignorado, para melhor ser compreendido. Ao longo de toda a nossa exposição, não deixaremos de fazer referências breves às soluções contidas nos diversos anteprojectos[5] e projecto do C.S.C.[6] e nas legislações italiana[7], espanhola[8] e suíça[9], não só porque alguns destes textos colaboraram decisivamente nas soluções adoptadas pelo nosso legislador, como também nos permitirá escutar opções alternativas a um regime que está longe de ser perfeito. Por esta última razão, também aludiremos ao texto do Código

---

[5] Referimo-nos aos últimos Anteprojectos para o regime das sociedades por quotas, da autoria de Raúl Ventura, Vaz Serra e de um grupo de professores da Faculdade de Direito da Universidade de Coimbra, constituído por Ferrer Correia, Vasco Lobo Xavier, Maria Ângela Coelho e António Caeiro, a que por comodidade denominaremos "Anteprojecto de Coimbra", e que se encontram transcritos junto ao respectivo artigo, no Comentário ao Código das Sociedades Comerciais, de Raúl Ventura, nos 3 volumes dedicados ao regime das sociedades por quotas.

[6] Publicado no B.M.J. n.º 327, pág. 43-527, datado de 20-1-1983.

[7] O tipo societário italiano, equivalente à nossa sociedade por quotas, é a *società a responsabilità limitata*, prevista e regulada nos art.º 2472 a 2497 *bis*, do C.C. Italiano. Anteriormente à reforma do direito societário, efectuada pelo Decreto n.º 6/2003, vigente desde 1 de Janeiro de 2004, na redacção original do Codice Civile de 1942, em matéria de *diritto di recesso*, era aplicável o regime da *società per azioni* (art.º 2437), equivalente à nossa sociedade anónima, por remissão do art.º 2494, do mesmo diploma. Após a remodelação realizada pela referida reforma, a *società a resposabilità limitata* deixou, em termos gerais, de ser considerada uma subespécie da *società per azioni*, e passou a ter um regime específico do *diritto di recesso* (art.º 2473), o qual não deixa, contudo, de manter as suas semelhanças com o regime previsto para este último tipo societário. Este regime não é, contudo, aplicável às sociedades de responsabilidade limitada sujeitas a actividade de direcção e coordenamento, as quais dispõem de um regime próprio (art.º 2497, do C.C. Italiano), que não será referido neste estudo, atenta a sua especificidade.

[8] O tipo societário espanhol, equivalente à nossa sociedade por quotas, é a *sociedad de responsabilidad limitada*, actualmente regulada pela Ley 2/1995, de 23-3.

[9] O tipo societário suíço, correspondente à nossa sociedade por quotas, é a *societé à responsabilité limitée*, prevista e regulada nos art.º 772 a 827, do C.O. Suíço.

Comercial de Macau, que acolheu um anteprojecto de um Código das Sociedades Comerciais para este território, elaborado em 1996 por António Pinto Ribeiro, que encerra importantes alterações às soluções adoptadas pelo nosso C.S.C..

Frequente será o recurso às opiniões da doutrina italiana que nesta, como noutras matérias, prima pela abundância e qualidade de estudos.

EVOLUÇÃO LEGISLATIVA

A consagração legislativa do contrato de sociedade e da figura da companhia, então como sinónimos[10], só ocorreu pela primeira vez em Portugal nas Ordenações Filipinas (título XLIV, do Livro IV), quase se limitando a traduzir o título *"Pro socio"*, do Digesto (D.17.2)[11].

Estabeleceu-se um direito de renúncia, causador da dissolução da sociedade, com as características de um direito potestativo, que se impunha inelutavelmente aos outros sócios, gerando apenas o seu exercício ilícito um dever de indemnizar.

Distinguiu-se, quanto à licitude do seu exercício, entre as sociedades por tempo ilimitado e as que tinham um prazo de duração. Admitiu-se a livre desvinculação ("renúncia") do sócio *"que não quer mais ser seu companheiro, e isso quando no contrato da Companhia se não declarou o tempo que havia de durar"* (n.º 5, do referido título XLIV). Quando a sociedade tinha uma duração limitada, o sócio apenas poderia abandoná-la antes do prazo, quando outro sócio fosse de *"condição tão áspera e forte"*, que não fosse possível o relacionamento com ele; quando se tivesse que afastar devido a cumprimento de missão oficial; quando não se tivesse cumprido alguma condição a que estava sujeita a sua permanência na sociedade, ou

---

[10] Nessa altura não se autonomizou o tratamento das sociedades comerciais das restantes, vindo posteriormente o Código Comercial de 1833 a utilizar o termo companhia para designar apenas as sociedades comerciais anónimas.

[11] Como referiu impressivamente RUI MARCOS, em *As companhias pombalinas...*, pág. 330, *"a novidade surgia pois amarelecida."*

se lhe tivesse sido "tomada ou embargada cousa" que integrava os bens com que entrou para a sociedade (n.º 8, do título XLIV). Para além destas situações e em todos os casos em que se verificasse um abuso do direito de renúncia[12], o sócio, apesar de poder abandonar a sociedade por um acto de desvinculação unilateral, ficava obrigado a indemnizar os outros sócios dos prejuízos que lhes causou com essa saída ilícita (n.º 7, do título XLIV).

A renúncia de um sócio tinha como consequência a extinção do contrato de sociedade e efectivava-se com a sua comunicação aos outros sócios (n.º 5, do título XLIV).

Mello Freire, nas *Institutiones*[13], no seu livro IV, publicado em 1793, no § 20.º, resumindo o regime das Ordenações Filipinas, consignou que a sociedade se dissolve com a renúncia de qualquer sócio, desde que não seja dolosa ou intempestiva.

Mas já nos meados do século XVIII as companhias pombalinas, antecessoras das sociedades anónimas, previam nos seus estatutos a possibilidade de um sócio abandonar a sociedade sem que esta se extinguisse. Clausulava-se que, caso viessem a ocorrer modificações em áreas nevrálgicas das cartas da instituição ou não fossem cumpridos os privilégios da sociedade ou dos sócios, concedidos pelo Rei, aqueles podiam abandonar a organização, com direito a receber o capital representativo das suas acções, além dos lucros que, até essa altura, lhes coubessem[14]. Estava aqui o embrião do regime que conforma hoje o direito de exoneração dos sócios das sociedades de capitais.

---

[12] Encontram-se descritas algumas dessas situações de abuso do direito de renúncia no n.º 6, do título XLIV.

[13] Sobre esta obra, leia-se MENEZES LEITÃO, em *O ensino do direito das obrigações,* pág. 52-55.

[14] RUI MARCOS, em *As companhias pombalinas...,* pág. 599, nota 1610, cita, como exemplo destas cláusulas, os §§ 51, 47, 58 e 15, respectivamente, das instituições das Companhias do Grão Pará, das Vinhas do Alto Douro, de Pernambuco e Paraíba, e das Pescarias do Algarve, manifestando as suas dúvidas sobre a exequibilidade prática destas normas estatutárias. Na sua opinião, estes direitos de exoneração valiam mais *"como um recurso teórico destinado a cativar ingressos nas "Companhias", afastando receios de emendas posteriores que desfigurassem o quadro jurídico traçado inicialmente".*

Em 1807, em França, integrando o movimento codificador oitocentista, foi aprovado um Código Comercial que teve uma réplica em Portugal, em 1833, pela mão de José Ferreira Borges. Este diploma regulou as companhias, sociedades e parcerias comerciais no título XII, do livro II, da parte I.

Relativamente ao direito dos sócios se desvincularem do contrato de sociedade, apenas se referiu que a sua retirada provocava a dissolução da sociedade desde esse momento (n.º 698), pelo que o regime do direito de renúncia constante das Ordenações se mantinha aplicável subsidiariamente (n.º 1, do C. Comercial de 1833).

Entretanto, alguns dos mais reputados juristas, contemporâneos da codificação oitocentista que se dedicaram à compilação e organização sistemática do direito vigente anterior à aprovação do Código Civil de 1867[15], mantiveram a regulamentação específica do contrato de sociedade.

Correia Teles, em 1836, publica o seu III Tomo do "Digesto Português", o *"Tratado dos modos de adquirir a propriedade, de a gozar e administrar, e de a transferir por derradeira vontade, para servir de subsídio ao novo Código Civil"*, onde no título XI regula o contrato de sociedade, mantendo, quanto ao direito de renúncia dos sócios, as orientações do direito romano "traduzidas" nas Ordenações Filipinas.

É livre o abandono da sociedade por tempo ilimitado, enquanto na sociedade com prazo o direito de renúncia só pode ser exercido com justa causa (n.º 1118.º)[16]. Em qualquer caso não é lícita a renúncia efectuada de má-fé e quando prejudica a realização de um objectivo relevante (n.º 1120.º a 1122.º). A renúncia de um sócio provoca a dissolução da sociedade (n.º 1109).

---

[15] Sobre a actividade doutrinária dos juristas Correia Teles e Coelho da Rocha, ver MENEZES LEITÃO, em *O ensino do direito das obrigações,* pág. 71-79.

[16] Relativamente às justas causas de renúncia constantes das Ordenações Filipinas, Correia Teles suprime a circunstância dos bens com que o sócio entrou para a sociedade terem sido "tomados ou embargados" e acrescentou o facto, retirado do Código de Napoleão (art.º 1871), do sócio passar a sofrer de doença que o inabilite para os negócios da sociedade.

Coelho da Rocha, em 1844, publica as "Instituições de direito civil Português", onde, no seu Tomo 2.º, sob o capítulo IV, da Secção IV, fixa as regras para o contrato de sociedade, propondo exactamente o mesmo regime que constava do Digesto Português de Correia Teles e que, como vimos, pouco divergia do Digesto Romano (§ 870).

E o Código Civil de 1867 na esteira destes "trabalhos preparatórios" nada traria de novo, até porque a sua fonte inspiradora, o Código de Napoleão, também não se tinha furtado a copiar as soluções do título do Digesto, *"Pro Socio"*. O regime do direito de renúncia do sócio ao vínculo social, constante dos art.º 1276.º, n.º 5, 1278.º e 1279.º, manteve-se exactamente o mesmo que constava da anterior legislação [17].

Quase simultaneamente, entrara também em vigor a importante Lei de 22 de Junho de 1867 que veio regular as sociedades anónimas, até então designadas por companhias, a qual nada referia sobre a possibilidade dos sócios poderem abandonar a sociedade, a não ser pela livre transmissão a outros das suas acções, afastando implicitamente a possibilidade de aplicação do direito de renúncia que passava a constar do Código de Seabra.

Em 28 de Junho de 1888, foi promulgado novo Código Comercial, resultante do empenhamento do então Ministro da Justiça, Veiga Beirão, que procedeu à tipificação, obediente ao princípio do *numerus clausus*, das diferentes espécies societárias: sociedades em nome colectivo, sociedades anónimas e sociedades em comandita [18].

A orientação deste Código é a de apenas prever a possibilidade de quebra do vínculo contratual pela vontade de um sócio em casos excepcionais [19], não se aplicando subsidiariamente as regras do Códi-

---

[17] Dispõe-se agora que é fundamento de renúncia antecipada lícita nas sociedades de duração limitada *"a que resulta da incapacidade de algum dos sócios para os negócios da sociedade ou da falta de cumprimento das suas obrigações, ou de outro facto semelhante, de que possa resultar prejuízo irreparável à sociedade"*.

[18] As sociedades cooperativas era uma espécie *sui generis*, integrável em qualquer dos tipos de sociedades admitidos pelo Código Comercial.

go de Seabra, relativamente ao direito de renúncia nas sociedades civis, conforme resulta claramente da redacção do art.º 120.º, do C. Comercial[20]. Nada impedia, porém, que estatutariamente os sócios consagrassem e regulassem o exercício de direitos de exoneração[21].

Excepcionalmente, na redacção original[22] do art.º 120.º, § 1.º, do C. Comercial de 1888, relativamente às sociedades em nome colectivo, por tempo indeterminado, admitiu-se a sua dissolução pela simples vontade de um dos sócios, o que equivalia à consagração de um direito de exoneração, cujo exercício provocava a dissolução da sociedade. A previsão específica desta causa de dissolução para este tipo societário excluía a sua aplicação às sociedades em comandita e anónimas.

Nas operações de prorrogação do tempo de duração das sociedades comerciais, também se previu a hipótese dos sócios discordantes dessa prorrogação se poderem retirar, desde que não representassem mais de 1/3 do capital social, recebendo dos outros sócios o valor da sua participação no capital social (art.º 128.º, do C. Comercial de 1888).

Também o § único do art.º 205.º, do C. Comercial de 1888, admitia que, nas sociedades em comandita por acções, quando por deliberação dos sócios se demitisse um gerente, os sócios vencidos na respectiva votação pudessem apartar-se da sociedade, obtendo o reem-

---

[19] Nestes casos excepcionais, não se encontra a previsão do § único do art.º 155, uma vez que aí se consagrou um direito à dissolução da sociedade por deliberação dos sócios.

[20] Neste sentido, podem ler-se a R.L.J., Ano 90, pág. 266, em resposta a uma consulta, BARBOSA DE MAGALHÃES, na Gazeta da Relação de Lisboa, Ano 36.º, pág. 344-346, em anotação a uma sentença da 3.ª Vara Comercial de Lisboa, AVELÃS NUNES, em *O direito de exclusão de sócios nas sociedades comerciais,* pág. 62-63, nota 76, e o Acórdão do S.T.J. de 19-12-1960, no B.M.J. n.º 94, pág. 311, relatado por MORAIS CABRAL.

[21] JOSÉ TAVARES, em *Sociedades e empresas comerciais,* pág. 610.

[22] Esta redacção foi alterada pelo D.L. 366/77, de 2/9, que suprimiu este causa de dissolução, mas simultaneamente tornou extensível às sociedades em nome colectivo o regime do direito de exoneração das sociedades civis, previsto no C.C. de 1966.

bolso do seu capital, na proporção do último balanço efectuado[23].

É nesta previsão que, pela primeira vez na legislação portuguesa, se desenha o direito de exoneração com a configuração actualmente perfilhada.

Nas sociedades cooperativas (art.º 220.º, do C. Comercial de 1888) e nas sociedades mútuas de seguros (art.º 17.º, do Decreto de 21-10-1907), também se consagravam específicos direitos de exoneração, adaptados às características destes modelos societários.

A necessidade de estender o estatuto da irresponsabilidade dos sócios pelas obrigações sociais à pequena e média empresa conduziu a que o legislador criasse um novo tipo societário, tendo a Lei de 11-4-1901 (L.S.Q.) regulado as sociedades por quotas, decalcada da GmbH, adoptada pela lei alemã de 20-4-1892.

Na L.S.Q., o direito de exoneração dos sócios, apesar de algumas imperfeições de previsão, consegue obter um regime geral próprio, com tipificação imperativa das causas de exoneração legais[24] e fixação das regras do exercício deste direito, constante dos §§ 3.º a 6.º, do art.º 41.º, que tiveram como fonte o art.º 158.º, do Código Comercial Italiano então vigente[25] e o referido § 1.º do art.º 205.º, do C. Comercial de 1888.

---

[23] Se este reembolso importasse a redução do capital social, por falta de reservas disponíveis, essa redução só poderia ser efectuada, caso se verificassem os requisitos gerais da mesma, constantes do § único do art.º 116 (art.º 205.º, § 2.º, do C. Comercial de 1888).

[24] Nada impedia que os estatutos previssem outras causas de exoneração convencionais, sujeitas às regras aí estipuladas e, supletivamente, aos ditames dos §§ 3.º a 6.º, do art.º 41.º, da L.S.Q.. Neste sentido opinou o acórdão da Relação de Coimbra de 26-7-1983, na C.J., Ano VIII, tomo 4, pág. 50, relatado por ALBERTO BALTAZAR COELHO.

[25] Constava deste artigo o seguinte: *"...Os sócios discordantes das deliberações indicadas nos n.º 3.º (a fusão com outra sociedade), 5.º (a reintegração ou aumento do mesmo capital), 6.º (a mudança do objecto da sociedade) e da prorrogação da sociedade, se não é consentida no acto constitutivo, têm direito de se apartar da sociedade e de obter o reembolso das suas cotas ou acções na proporção do activo social segundo o último balanço aprovado. O recesso deve ser declarado pelos assistentes à assembleia dentro das 24 horas seguintes ao encerramento desta, e pelos outros sócios dentro de um mês da publicação da deliberação no jornal dos anúncios judiciários sob pena de improce-*

Naqueles parágrafos, admitiu-se a possibilidade de um sócio abandonar a sociedade quando não concordasse com a prorrogação ou fusão da sociedade, ou com o aumento, reintegração ou redução do capital social. Essa não concordância tinha que ser manifestada na assembleia deliberativa, pelo que apenas os sócios presentes que não tinham votado favoravelmente aquelas decisões tinham direito a exonerar-se [26]. O sócio dissidente tinha direito ao reembolso do valor da sua quota, calculado de acordo com o último balanço aprovado, devendo observarem-se os requisitos para a redução do capital, caso o reembolso obrigasse à realização desta operação. A exoneração não extinguia as obrigações do sócio já constituídas antes do registo definitivo da modificação social ocorrida, pelo que a exoneração só ganhava eficácia com a concretização completa da modificação fundamentadora.

Só em 1966, o novo Código Civil, no seu art.º 1002.º, veio permitir nas sociedades civis que o direito de exoneração dos sócios não determinasse a extinção da sociedade, tendo admitido o seu livre exercício nas sociedades sem prazo de duração. Nas sociedades com duração limitada, o sócio só podia exonerar-se com os fundamentos fixados no contrato ou com justa causa.

O D.L. 363/77, de 2/9, estendeu às sociedades comerciais em nome colectivo este regime do Código Civil, não sendo o mesmo aplicável aos restantes tipos societários, ao abrigo do disposto no art.º 3.º, do C. Comercial de 1888, uma vez que não se verificava qualquer lacuna na legislação comercial neste domínio [27].

---

dência." (tradução de Santos Lourenço, em *Das sociedades por cotas,* II vol., pág. 129, nota 1).

[26] Criticando esta opção legislativa, pode ler-se SANTOS LOURENÇO, em *Das sociedades por cotas,* II vol., pág. 130.

[27] No entanto, ANTÓNIO CAEIRO, em *A exclusão estatutária do direito de voto nas sociedades por quotas,* em *Temas de direito das sociedades,* pág. 54-59, defendia a aplicação do regime do art.º 1022.º, do C.C., às sociedades por quotas em que se tivesse estipulado a intransmissibilidade das participações sociais, desacompanhada da previsão estatutária de qualquer direito de exoneração dos sócios.

O D.L. 598/73, de 8/11, que estabeleceu um regime geral para as operações de fusão e cisão das sociedades, impôs regras próprias (art.º 9.º) para o exercício do direito de exoneração dos sócios, com fundamento na sua oposição à fusão, manifestada na assembleia que deliberou essa operação. Este sócio tinha direito a exigir da sociedade a aquisição da sua participação social, mediante uma contrapartida, calculada nos termos do art.º 1021.º, do C.C., com referência ao momento da deliberação da fusão, devendo essa exigência ser efectuada nos 30 dias subsequentes à publicação da deliberação. Com a criação deste regime específico foi dado mais um passo de aproximação à configuração actual do direito de exoneração.

Após prolongados trabalhos preparatórios [28], foi finalmente aprovado pelo D.L. 262/86, de 2/9, o Código das Sociedades Comerciais que, além de permitir a previsão de direitos de exoneração convencionais, impôs diversas causas de exoneração na parte geral aplicável a todos os tipos societários. Relativamente às sociedades em nome colectivo e por quotas, estabeleceu ainda normas específicas para o direito de exoneração (art.º 185.º e 240.º, respectivamente), com pormenorização das regras do seu exercício.

É o regime deste diploma que se encontra actualmente em vigor e que será objecto do nosso estudo no que respeita às sociedades por quotas.

---

[28] Pode seguir-se uma resenha destes trabalhos em *Direito das sociedades comerciais*, de ENGRÁCIA ANTUNES, pág. 58-60, e em *Alguns apontamentos sobre a reforma da legislação comercial*, no B.M.J. n.º 293, pág. 19-21, de FERNANDO OLAVO.

NOÇÃO E CARACTERÍSTICAS
DO DIREITO DE EXONERAÇÃO

Tal como na generalidade dos contratos, também no contrato de sociedade, nomeadamente nas sociedades por quotas, os seus sujeitos, em determinadas situações, têm o direito de se desvincularem da relação jurídica estabelecida, na expressão de um acto de vontade unilateral.

Este poder encontra-se uniformizado no nosso sistema legal na figura do direito de exoneração[29], a qual, atenta a diversidade de interesses que visa satisfazer e de fundamentos que justificam a sua consagração, se revela uma figura heterogénea[30].

Essa desvinculação unilateral tem como consequência não a extinção de toda a relação contratual, como sucede nos contratos comutativos, mas apenas a extinção do vínculo do sócio dissidente à relação societária[31]. Isto sucede porque o esbatimento do cariz *intuitus*

---

[29] Até ao Código Civil de 1966, o direito de desvinculação de um sócio do contrato de sociedade, por acto de vontade unilateral, era geralmente denominado na lei de direito de renúncia, seguindo-se a designação do direito romano para a desvinculação de um sócio do acordo societário (a *renuntiatio*), tendo sido aquele diploma quem introduziu esta alteração terminológica, adoptando assim a expressão que já era utilizada no art.º 220.º, do C. Comercial de 1888, para as sociedades cooperativas, e nomeada por alguma doutrina (*vide* JOSÉ TAVARES, em *Sociedades e empresas comerciais,* pág. 608-610).

[30] MARIA AUGUSTA FRANÇA, em *Direito à exoneração,* em *Novas perspectivas do direito comercial,* pág. 226.

[31] No direito romano, a solução era a dissolução total da sociedade, a qual foi também adoptada pelas nossas Ordenações Filipinas (livro 4.º, título XXX--XIV), e depois pelo art.º 1276.º, n.º 5, do Código de Seabra, em sentido semelhante à redacção originária do art.º 1865, do Código de Napoleão, apesar do

personae do contrato de sociedade, nos sistemas jurídicos influenciados pela tradição romanista, deixou de impor que o desaparecimento de um sócio determinasse a extinção da sociedade, face aos superiores interesses do prosseguimento da actividade social. A organização criada com o contrato de sociedade não pode ser destruída pelo facto de um dos seus sócios se pretender retirar.

Esta solução, além de ser a que melhor satisfaz os interesses gerais de protecção dos agentes económicos, como elementos de progresso e desenvolvimento, é também perfeitamente compatível com as características do nexo de relação dos sujeitos no contrato de sociedade. Neste tipo contratual não existe uma relação de sinalagma entre as prestações dos diversos sócios, na qual a prestação de cada um dos contraentes tem uma correspectividade existencial na do outro contraente. O sinalagma verifica-se antes entre a prestação de cada sócio e a sua participação no resultado da actividade social [32]. Por isso a permanência de qualquer um na relação negocial não perde necessariamente sentido, se algum dos outros dela se desvincula.

No contrato de sociedade, estamos perante um contrato de fim comum [33], porque as prestações dos sócios não são contrapostas, mas sim harmonizáveis entre si, em função da obtenção da mesma finali-

---

direito territorial prussiano de 1794 e do Código Civil Austríaco de 1811 já adoptarem a solução da manutenção da sociedade após a saída de um sócio. Essa opção já surge, casuisticamente, no Código Comercial de 1888 (art.º 120.º, § 1.º, 128.º, 205.º, § 1.º, e 220.º) e na Lei das Sociedades por Quotas de 1901 (art.º 41.º, § 3.º), e era defendida por CUNHA GONÇALVES, no *Comentário ao Código Comercial Português*, vol. I, pág. 296. A sua adopção em termos globais para as sociedades civis só surge com o Código Civil de 1966 (art.º 1001.º a 1005.º), inspirado no Codice Civile de 1942, que o D.L. 363/77, de 2/9, tornou extensível às sociedades comerciais em nome colectivo. Posteriormente, o Código das Sociedades Comerciais veio também a adoptar esta solução para as restantes sociedades comerciais.

[32] FERRER CORREIA, em *Lições de direito comercial*, vol. II, pág. 51, AVELÃS NUNES, em *O direito de exclusão de sócios nas sociedades comerciais*, pág. 43, e MENEZES LEITÃO, em *Contrato de sociedade civil*, em *Direito das obrigações*, 3.º vol., *Contratos em especial*, sob a coordenação de Menezes Cordeiro, pág. 122.

[33] *Vide* os autores, obras e locais citados na nota anterior.

dade – a rentabilidade da prossecução do objecto social. Assim, o afastamento de um desses sujeitos não determina a perda do equilíbrio entre as diversas prestações, necessário à sobrevivência do contrato, podendo manter-se o caminho rumo a esse fim, com aqueles que permanecem.

É certo que o processo de exoneração pode conduzir à dissolução total da sociedade, nos casos previstos no art.º 240.º, n.º 5, do C.S.C.. Este resultado não é, porém, consequência directa do exercício do direito de exoneração, mas sim do incumprimento pela sociedade da obrigação de pagamento de contrapartida pela consequente perda da participação social. A execução do direito de exoneração apenas provoca a extinção do vínculo social do sócio que se exonerou.

A amplitude, o conteúdo e o exercício do direito de exoneração são definidos pela forma de resolução da tensão dialéctica entre os interesses dos sócios individualmente considerados e os interesses da sociedade, acompanhados pelos interesses dos terceiros que contrataram com aquela e pelos interesses gerais na expansão e dinamização da actividade empresarial, como forma de criação de riqueza.

Enquanto os interesses individuais dos sócios reclamam o maior número de possibilidades de se afastarem da sociedade a que pertencem, de forma a não perderem uma liberdade de movimentação económica e de disponibilidade sobre o seu património, os interesses da sociedade orientam-se no sentido da manutenção dos laços de solidariedade financeira, ou mesmo pessoais, que se entenderam necessários à prossecução do seu fim. De igual modo se posicionam os interesses dos terceiros que mantém relações contratuais com a sociedade, aos quais não interessa a desvinculação de um dos garantes do cumprimento das obrigações assumidas, e o interesse público geral que prefere a existência de organizações estáveis que não sejam afectadas por processos de desintegração diminuidores da sua capacidade de gerar riqueza.

Se a construção teórica destes interesses em conflito não é nenhuma ficção, também não deixa de ser verdade que eles não se apresentam desta forma linear e estática, esbatendo-se os seus contornos em configurações complexas em que coabitam e se mesclam interesses distintos e por vezes contraditórios, quando os mesmos se encaram numa perspectiva dinâmica. A actual realidade do mundo das empresas, mais do que a estabilidade da sua organização, exige uma facilidade de adaptação às vicissitudes da sua existência, num mundo de elevada e exigente competitividade. Os interesses da sociedade perante um sócio com vontade de a abandonar, mais do que dificultar a concretização dessa vontade, orientam-se no sentido da criação de mecanismos que minorem os efeitos nocivos dessa dissidência. E os interesses dos terceiros que mantém relações contratuais com a sociedade não são muito exigentes, atenta a responsabilidade limitada dos sócios pelas obrigações sociais que caracteriza a generalidade das sociedades por quotas, resumindo-se à manutenção da garantia da satisfação do valor do capital social.

O nosso sistema não prescindiu de tipificar de forma imperativa casos constitutivos do direito de exoneração, não tendo acolhido a metodologia de consagração duma cláusula geral de "justa causa"[34], ao mesmo tempo que concedeu uma ampla liberdade de estipulação no pacto social de cláusulas, conferindo esse direito aos sócios, numa posição de franca abertura à possibilidade destes se afastarem,

---

[34] Sobre a prevalência das razões de segurança que motivaram esta opção pela taxatividade das causas legais de exoneração, ver RAÚL VENTURA, em *Sociedades por quotas,* vol. II, pág. 19, FERRER CORREIA, VASCO LOBO XAVIER, MARIA ÂNGELA COELHO e ANTÓNIO CAEIRO, em *Sociedade por quotas de responsabilidade limitada – anteprojecto de lei – 2.ª redacção e exposição de motivos,* na R.D.E., Ano V (1979), n.º 1, pág. 117, e FERRER CORREIA, em *A nova sociedade por quotas de responsabilidade limitada no direito português,* em S.I., tomo XXXV, pág. 363.

No Anteprojecto de Vaz Serra, além de se tipificarem algumas situações concretas que permitiam a um sócio exonerar-se, clausulou-se como causa geral de exoneração a ocorrência de *"...algum motivo grave e justificado"* (art.º 138.º, n.º 2, d)).

O Anteprojecto de Raúl Ventura também continha uma cláusula abrangente que incluía *"...a introdução no contrato de alterações que aumentem as obrigações gerais dos sócios ou reduzam os seus direitos"* (art.º 89.º, n.º 2, a)).

Quer a jurisprudência alemã, quer o art.º 822, n.º 2, do C.O. Suíço, adoptaram a metodologia da cláusula geral da "justa causa", a ser preenchida casuisticamente pelos tribunais.

por sua vontade, da sociedade a que pertencem. Destas opções legislativas resultou um sistema não só permissivo à atribuição convencional do direito dos sócios abandonarem a relação societária, como *inclusive* proteccionista desse direito, pois impôs a sua existência em determinadas situações.

Já quanto à formatação desse direito, procurou-se que aquele respeito pela vontade individual dos sócios afectasse minimamente a prossecução dos objectivos da sociedade, sem que se prescindisse de princípios equitativos, tendo-se permitido a esta optar pelo destino da quota perdida e fixado um critério para a determinação do valor dessa participação a satisfazer ao sócio que se exonerou.

Sendo o direito de exoneração um direito subjectivo, uma vez que o seu exercício se encontra na livre disponibilidade da vontade do seu titular, apresenta-se como um direito subjectivo *stricto sensu*[35],

---

[35] Defendendo ser um direito subjectivo potestativo, PAULO VIDEIRA HENRIQUES, em *A desvinculação unilateral ad nutum nos contratos civis de sociedade e de mandato*, pág. 33-34 e 78-85, e RICARDO SANTOS COSTA, em *A sociedade por quotas unipessoal no direito português*, pág. 272, nota 259.

RAÚL VENTURA, em *Sociedade por quotas*, vol. II, pág. 10, apesar de qualificar este direito como potestativo, mais à frente, fala *"no dever da sociedade para satisfação do interesse do sócio"* (pág. 32), a propósito da deliberação sobre a liquidação da quota, e expressamente refere que *"o sócio só é exonerado, quando a quota é amortizada ou no momento em que é outorgada a escritura de aquisição da quota pela sociedade, sócio ou terceiro"* (pág. 33), o que pressupõe a necessidade de um comportamento da sociedade para que o direito do sócio dissidente se efective, que não é compatível com a noção de direito potestativo.

Curioso o acórdão da Relação de Coimbra de 26-7-1983, na C.J., Ano VIII, tomo 4, pág. 50, relatado por ALBERTO BALTAZAR COELHO, o qual defendia, antes da entrada em vigor do C.S.C., que o direito de exoneração dos sócios nas sociedades por quotas era um direito potestativo.

Era essa também a solução dos Anteprojectos de Raúl Ventura (art.º 90.º, n.º 2) e Vaz Serra (art.º 139.º, n.º 2), que previam uma amortização automática da quota 90 dias após a comunicação pelo sócio da sua intenção de se exonerar; e foi essa a solução do C. Comercial de Macau (art.º 369.º, n.º 5, do C.S.C.) que considerou a quota automaticamente amortizada 30 dias após a recepção daquela comunicação, embora só lhe conferisse eficácia após o seu registo. Igualmente assume natureza potestativa o direito de exoneração na Suiça, onde o mesmo é decretado pelo tribunal (art.º 822, n.º 2, do C.O.), na Espanha (art.º 97, 100 e

dado que o seu exercício não produz efeitos que se imponham inelutavelmente à sociedade, colocando esta numa posição de sujeição, antes exigindo dela a liquidação da respectiva quota por diversos meios (amortização da quota, aquisição da quota pela sociedade ou aquisição da quota por outro sócio ou terceiro, nos termos do art.º 240.º, n.º 3, do C.S.C.). Só com o cumprimento deste dever pela sociedade é que se efectiva o direito de exoneração[36], uma vez que, no caso de incumprimento, o sócio dissidente não se considera exonerado, passando apenas a ter direito a requerer a dissolução total da sociedade (art.º 240.º, n.º 3, do C.S.C.). O legislador, nesta configuração do direito de exoneração, revelou-se excessivamente preocupado em garantir a satisfação ao sócio do valor da sua quota, tendo *inclusive* reinstalado a antiquada solução romanista da dissolução da sociedade, como meio indirecto daquele obter, em último caso, a sua libertação.

Os interesses aqui em jogo obteriam uma melhor satisfação caso se adoptasse um mecanismo que assegurasse a saída automática (não necessariamente imediata) do sócio dissidente, independentemente da atitude da sociedade, ficando a satisfação da contrapartida realizada através da concessão de um direito a essa prestação pecuniária, consequente ao exercício do direito de exoneração, mas distinto deste. Deste modo, o sócio teria garantida a obtenção rápida da sua desvinculação, enquanto a sociedade não corria o risco fatal de ser dissolvida.

Não foi esta a opção do legislador, pelo que o direito de exoneração, no nosso regime aplicável às sociedades por quotas, se traduz

---

101, da Ley 2/1995) e na Itália (art.º 2473, do C.C. Italiano) em que a saída do sócio ocorre, independentemente da colaboração da sociedade.

No projecto do C.S.C. (art.º 246.º, n.º 3), vingou antes a solução proposta pelo Anteprojecto de Coimbra, no seu art.º 125.º, n.º 3, a qual foi adoptada pela versão final do C.S.C..

[36] Neste sentido, RAÚL VENTURA, em *Sociedade por quotas,* vol. II, pág. 25, 33 e 34, MARIA AUGUSTA FRANÇA, em *Direito à exoneração,* em *Novas perspectivas do direito comercial,* pág. 223, BRITO CORREIA, em *Direito comercial,* 2.º vol., pág. 453, e COUTINHO DE ABREU, em *Curso de direito comercial*, vol. II, pág. 422-423.

no poder de um sócio exigir da sociedade a liquidação da sua quota, como meio de cessação da sua participação social[37].

Esta desvinculação unilateral, por acto de vontade do sócio, que o nosso legislador denominou de uma forma abrangente de exoneração, distingue-se com maior ou menor nitidez de figuras que lhe são próximas, como a dissolução da sociedade, a exclusão de sócio, a cessão e a amortização de quotas.

Na dissolução da sociedade, verifica-se a extinção do contrato de sociedade, enquanto na exoneração de sócio é apenas um dos seus participantes que abandona a relação contratual, mantendo-se esta, o que tem permitido que alguns autores, utilizando uma terminologia contraditória, apelidem a perda da participação do sócio que se exonerou de "dissolução parcial"[38].

Na exclusão de sócio, apesar de também se verificar a eliminação de um sócio, essa extinção do vínculo social ocorre não por vontade do próprio, mas sim por vontade da sociedade que manifesta o seu interesse no afastamento daquele.

Na cessão de quota, há uma transmissão desta como efeito de negócio *inter vivos* celebrado entre o seu titular e o adquirente da quota. É certo que desta operação também resulta a perda da posição de sócio, tal como sucede com o direito de exoneração, se todas as quotas de que se era titular foram objecto de cessão. Todavia, enquanto esse afastamento é apenas uma consequência acidental

---

[37] Inserindo na definição deste direito o poder de exigir a liquidação da quota, leia-se MENEZES LEITÃO, em *Contrato de sociedade civil*, em *Direito das obrigações*, 3.º vol., *Contratos em especial*, sob a coordenação de Menezes Cordeiro, pág. 166, e MARIA AUGUSTA FRANÇA, em *Direito à exoneração*, em *Novas perspectivas do direito comercial*, pág. 207.
Discordando desta inclusão, opina PAULO VIDEIRA HENRIQUES, em *A desvinculação unilateral ad nutum nos contratos civis de sociedade e de mandato*, pág. 30, nota 10, com o objectivo de acentuar uma distinção entre o direito potestativo à desvinculação e o direito subjectivo propriamente dito a exigir da sociedade a liquidação da quota.
[38] Vide RAÚL VENTURA, em *Dissolução e liquidação de sociedades*, pág. 22, e PAULO VIDEIRA HENRIQUES, em *A desvinculação unilateral ad nutum nos contratos civis de sociedade e de mandato*, pág. 73.

daquele negócio, o direito de exoneração visa directamente a saída do sócio da sociedade, sendo exercido perante esta. No direito de exoneração, o sócio não negoceia com outrém a cessão da sua quota, mas retira-se, colocando esta à disposição da sociedade, para que ela a liquide pela forma que entender. E, se um dos destinos desta quota pode ser a sua aquisição por outro sócio ou terceira pessoa, que acede na sua titularidade, juridicamente não existe uma transmissão negocial dessa quota do património do sócio que se exonerou para o do adquirente, sendo a sociedade que efectua para terceiro a transmissão de uma quota perdida, na sequência do exercício de um direito de exoneração.

A amortização de quota e a exoneração de sócio, apesar de poderem coexistir, são institutos que se situam em planos jurídicos diferentes. A amortização da quota é um dos meios técnicos possíveis de execução do direito de exoneração de um sócio.

A exoneração é a extinção do vínculo contratual de um dos sócios à sociedade, por um acto de vontade deste, e a amortização da quota é a extinção desta, mediante um acto da sociedade, podendo ser uma das modalidades possíveis de dar um destino à participação perdida com a exoneração, executando-se, assim, as consequências práticas dessa desvinculação[39].

A amortização duma quota pode ocorrer por acordo entre o sócio e a sociedade (amortização voluntária ou facultativa), por imposição da sociedade, nos casos previstos na lei ou no contrato (amortização compulsiva ou forçada), ou por exigência do sócio, nos casos também previstos na lei ou no contrato (amortização obrigatória).

Esta última espécie de amortização, em que o sócio pode exigir da sociedade a amortização da sua participação social, deve ser

---

[39] RAÚL VENTURA, em *Sociedades por quotas,* vol. II, pág. 13-14, BRITO CORREIA, em *Direito comercial,* 2.º vol., pág. 453, ANTÓNIO SOARES, em *O novo regime de amortização de quotas,* pág. 17, e PAULO VIDEIRA HENRIQUES, em *A desvinculação unilateral ad nutum nos contratos civis de sociedade e de mandato,* pág. 80-81.

reconduzida à figura da exoneração[40], uma vez que ela mais não é do que o poder do sócio exigir da sociedade a sua saída, contra o pagamento do valor da sua quota[41]. Daí que o art.º 232.º, n.º 4, do C.S.C. determine o seguinte: *"se o contrato de sociedade atribuir ao sócio o direito à amortização da quota, aplica-se o disposto sobre exoneração de sócios"*. Reconduz-se o direito do sócio à amortização (amortização obrigatória), de origem convencional, à única figura que o justifica, sendo certo que essa recondução não se estende aos casos em que o direito à amortização respeita apenas a uma das várias quotas do sócio[42]. Daqui resulta que, estabelecendo-se no pacto social um direito do sócio à amortização de quota única ou de todas as quotas, tal convenção deve ser encarada como estipulação de um direito à exoneração desse sócio[43]. Do mesmo modo, se alguma disposição legal fizer referência à possibilidade de um sócio exigir da sociedade a amortização da sua quota (amortização obrigatória) deve considerar-se que estamos perante mais um direito de exoneração de origem legal.

Atenta a diversidade dos seus fundamentos constitutivos e o seu regime peculiar, o direito de exoneração do sócio de uma sociedade por quotas não se enquadra em nenhuma das formas tradicionais

---

[40] PINTO FURTADO, em *Curso de direito das sociedades*, pág. 318-319.

[41] Note-se que o n.º 5, do art.º 232.º, do C.S.C., permite, tal como o art.º 240.º, n.º 3, do mesmo diploma, para o direito de exoneração que na amortização, a sociedade possa substituir essa operação extintiva da quota, pela aquisição desta para si própria, ou pela sua transmissão para outro sócio, ou para terceiro.

[42] Vide RAÚL VENTURA, em *Sociedades por quotas*, vol. I, pág. 672-673.

[43] PAULO VIDEIRA HENRIQUES, em *A desvinculação unilateral ad nutum nos contratos civis de sociedade e de mandato*, pág. 84, diz: *"...de duas uma: ou a doutrina e a jurisprudência criam um regime diferente para a amortização obrigatória...ou respeitando-se o elemento literal, terá de ser elaborada a recompreensão do conceito de amortização obrigatória"*. Conforme resulta do texto, preferimos esta segunda opção, deixando de se poder falar numa amortização obrigatória de quota única ou de todas as quotas de um sócio, como figura autónoma, porque isso mais não é que um exercício possível do direito à exoneração.

extintivas dos contratos em geral[44], tendo uma autonomia institucional de âmbito restrito.

Relativamente à diversidade de fundamentos, estamos perante uma figura heterogénea, em que se cumulam causas típicas de formas extintivas tão diferentes como a anulação, a denúncia ou a resolução de contratos, como iremos revelar.

Quanto ao seu regime, apesar dos seus efeitos meramente *ex nunc* o equipararem ao direito de denúncia, o facto de não se tratar de um direito potestativo e a especificidade da regulamentação da prestação da sociedade necessária à sua efectivação, afastam-no de tal modo daquela forma típica de extinção dos contratos duradouros, que lhe conferem um lugar próprio na galeria das figuras extintivas dos contratos, embora de aplicação limitada aos contratos de sociedade, pelo menos no que respeita às sociedades por quotas.

---

[44] A terminologia utilizada para denominar as diversas figuras de desvinculação da relação contratual varia de autor para autor, assim como não existe coerência nas denominações legais, como referem ANTUNES VARELA, em *Das obrigações em geral,* II vol., pág. 274-275, BRANDÃO PROENÇA, em *A resolução do contrato no direito civil,* pág. 37, e PAULO VIDEIRA HENRIQUES, em *A desvinculação unilateral ad nutum nos contratos civis de sociedade e de mandato,* pág. 14.

FUNDAMENTOS DO DIREITO DE EXONERAÇÃO

O art.º 240.º, n.º 1, do C.S.C., começa por dispor que um sócio pode exonerar-se nos casos previstos na lei e no contrato de sociedade[45], não sendo admissível a invocação de direito de exoneração que não conste da lei aplicável às sociedades por quotas ou do pacto social.

Os fundamentos do direito de exoneração previstos na lei, não diferem da generalidade dos fundamentos de desvinculação dos restantes contratos, nomeadamente dos contratos duradouros, categoria onde se insere o de sociedade.

Por um lado, a deficiente formação da vontade das partes na conclusão do contrato de sociedade deve justificar que o sócio, cuja vontade de outorgar foi viciada, tenha a possibilidade de se desvincular duma relação que não foi por ele livremente assumida (art.º 45.º, n.º 1, do C.S.C.). O direito de exoneração toma aqui o lugar da figura da anulabilidade, adoptada nos negócios jurídicos em geral, como remédio ao dispor do contraente cuja vontade se revelou viciada.

---

[45] Os Anteprojectos de Vaz Serra (art.º 138.º, n.º 3) e de Coimbra (art.º 125.º, n.º 2), baseados no Projecto Alemão de reforma das sociedades por quotas de 1971 (§ 211 do *Regierungsentwurf*) exigiam também que não fosse possível ao sócio o recurso a outro meio capaz de salvaguardar o seu legítimo interesse, como poderia suceder, por exemplo, com uma simples cessão de quotas.

Este requisito não foi adoptado pelo C.S.C., sem que isso signifique que o direito de exoneração não possa ser afastado, apesar de se verificar uma das suas causas previstas na lei ou no contrato, por aplicação da figura do abuso do direito (art.º 334.º, do C.C.).

Por outro lado, o sócio que, sem o concurso da sua opinião, viu operarem-se modificações importantes na relação societária inicialmente assumida, por força da deliberação da maioria dos sócios, deve também ter a possibilidade de se afastar da sociedade modificada (art.º 240.º, n.º 1, a) e 137.º, n.º 1, do C.S.C.). Este foi o contrapeso encontrado para a possibilidade dessas alterações serem aprovadas pelo voto maioritário dos sócios. Tendo-se entendido que as minorias não poderiam inviabilizar a introdução de alterações ao contrato de sociedade, mesmo que fossem alterações essenciais, procurou-se também que não fosse possível impor a essas minorias a vivência duma relação que foi alterada em pontos considerados fulcrais, pelo que se lhes permitiu que se pudessem excluir dessa relação[46]. Também quando ocorrem algumas modificações significativas no percurso normal da vida da sociedade, que se imponham à vontade dos sócios, o legislador entendeu conceder-lhes um direito a exonerarem-se, por não lhes ser exigível que prossigam em circunstâncias que lhes foram impostas e que não eram previsíveis (art.º 240.º, n.º 1, b), 161.º, n.º 5 e 207.º, do C.S.C.)[47].

O direito de exoneração assemelha-se de algum modo, nestas situações, à resolução do contrato por alteração das circunstâncias em que as partes fundaram a decisão de contratar, sendo certo que aqui as circunstâncias não são exteriores ao contrato, como sucede nas situações do art.º 437.º, do C.C., mas são os próprios termos contratuais, que foram modificados pelo voto maioritário dos sócios, ou a evolução da relação contratual, imposta pela maioria.

---

[46] MARIA AUGUSTA FRANÇA, em *Direito à exoneração*, em *Novas perspectivas do direito comercial*, pág. 225 e GIOVANNI TANTINI, em *Le modificazioni dell' atto costitutivo nela società per azioni*, pág. 155.

[47] No caso do art.º 240.º, n.º 1, b), em que se concede o direito ao sócio de abandonar a sociedade quando a maioria dos seus membros, existindo uma justa causa, não exclua desta um sócio, não se pode identificar o direito de exoneração com um autêntico direito de resolução por incumprimento dos deveres contratuais, uma vez que nessas situações não existe um dever incumprido da sociedade expulsar o sócio prevaricador, mas um direito a excluí-lo que pode ou não ser exercido.

Também o sócio impossibilitado de transmitir a sua posição a terceiros, por convenção estatutária, não pode ficar indefinidamente ligado à sociedade, justificando-se que se estabeleça um prazo de duração, a partir do qual lhe seja permitido desligar-se, por sua livre vontade (art.º 229.º, n.º 1, do C.S.C.). Como em todos os contratos duradouros, como sucede com o contrato de sociedade, é necessário assegurar mecanismos que permitam aos seus sujeitos não ficarem perpetuamente presos à relação jurídica em que ingressaram, possibilitando-se que os mesmos possam abandonar essa relação por sua livre vontade, baseada numa motivação egoísta. Aqui o direito de exoneração identifica-se, quanto aos seus fundamentos, com um direito de denúncia [48].

A tipificação legal destes casos visou consagrar de forma imperativa situações que pela sua relevância não podiam deixar de atribuir aos sócios o direito de abandonarem a sociedade, pelo que, atenta a natureza das respectivas normas, está o pacto social proibido de excluir ou limitar qualquer uma destas causas legais de exoneração [49]. Daí que apenas tenham merecido previsão legal aquelas situações que se consideraram atingir uma gravidade ou uma dimensão de tal modo relevante que justificava a concessão do referido direito de exoneração aos sócios atingidos por essa situação.

Além destes fundamentos legais, respeitando o princípio da autonomia, reconhece-se que as partes têm a liberdade de convencionar previamente no pacto social outras hipóteses em que se justifique a possibilidade de um sócio se desvincular da sociedade, tendo como único limite a proibição de constituição de um direito de exercício arbitrário (art.º 240.º, n.º 1 e n.º 5, do C.S.C.).

---

[48] Neste sentido, PAULO VIDEIRA HENRIQUES, em *A desvinculação unilateral ad nutum nos contratos civis de sociedade e de mandato*, pág. 37, e MENEZES LEITÃO, em *Contrato de sociedade civil*, em *Direito das obrigações*, 3.º vol., *Contratos em especial*, sob a coordenação de Menezes Cordeiro, pág. 166.

[49] RAÚL VENTURA, em *Sociedades por quotas*, vol. II, pág. 19.

1. Causas legais

O art.º 240.º, n.º 1, do C.S.C., destinado a regular a figura do direito de exoneração dos sócios das sociedades por quotas, determina que estes só se podem exonerar daquele tipo de sociedades nos casos previstos na lei e no contrato [50].

---

[50] Na versão original do C.C. Italiano, o art.º 2437, aplicável *ex vi* do art.º 2494, permitia a desvinculação unilateral dos sócios nas situações de alteração do objecto social, de transformação da sociedade e de transferência da sede social para o estrangeiro, discutindo-se se era admissível a convenção estatutária de outras causas de exoneração. Defendendo a taxatividade das causas de exoneração, podiam ler-se VISENTINI, em *Azioni di società*, em *Enciclopedia dell diritto*, pág. 985, DEBORAH SPEDICATI, em *Il diritto di ricesso: il rimborso del recedente*, em "Rivista delle società", Ano 38.º (1993), pág. 682, GIOVANNI GRIPO, em *Il recesso del socio,* em *Trattato delle società per azioni,* de G.E. Colombo e G.B. Portale, vol. 6*, pág. 142-147, e DANILO GALLETTI, em *Il recesso nelle società di capitali*, pág. 286-295. No sentido oposto, opinava GIOVANNI TANTINI, em *Le modificazioni dell' atto costitutivo nella società per azioni,* pág.160-165, FRANCESCO FERRARA jr. e FRANCESCO CORSI, em *Gli imprenditori e le società*, pág. 622, e GIUSEPPE NICCOLINI, em *Recesso per giusta causa del socio di società di capitali,* em "Rivista del diritto commerciale e del diritto generale delle obligazioni", Ano XC (1992), parte 2.ª, pág. 73-81.

Com a revisão do direito das sociedades no Codice Civile, operada pelo Decreto n.º 6/2003, o art.º 2473 daquele diploma, passa a permitir a exoneração dos sócios nos casos previstos pelo pacto social e, obrigatoriamente, quando a sociedade tenha sido constituída por tempo indeterminado ou quando ocorra uma alteração do objecto social ou do modelo de sociedade, uma operação de fusão ou cisão, uma transferencia da sede social para o estrangeiro, uma revogação duma situação de liquidação da sociedade, uma eliminação dos casos de exoneração previstos no pacto social, e uma execução de operações que resultem numa modificação de facto substancial do objecto social ou dos direitos atribuídos aos sócios. Além destas situações enumeradas no citado art.º 2473, do C.C. Italiano, ainda se permite a saída unilateral de sócio da sociedade quando o pacto social não permita ou dificulte a transmissibilidade das quotas sociais (art.º 2469, do C.C. Italiano), quando exclua o direito de preferência dos sócios em situações de aumento de capital (art.º 2481 *bis*, do C.C. Italiano), ou quando se introduza ou suprima cláusula compromissória (art.º 34, do Decreto n.º 5/2003).

O art.º 822, do C.O. Suíço, admite expressamente a possibilidade de serem clausuladas no pacto social causas de exoneração e permite que os tribunais desvinculem um sócio, a seu pedido, com fundamento em "justos motivos".

O art.º 96, da Ley 2/1995 espanhola, também admite a consagração de causas de exoneração convencionais e o art.º 95, do mesmo diploma, permite a

O nosso Código das Sociedades Comerciais seguiu o sistema francês da Lei de 1966[51], contendo em primeiro lugar disposições comuns a vários tipos de sociedades e regulou depois especificamente esses tipos, com remissões entre eles.

Encontramos causas legais de exoneração quer na parte geral (art.º 1.º a 174.º), aplicável a todos os tipos de sociedades previstos no C.S.C., incluindo as sociedades por quotas, quer na parte especialmente destinada a estas (art.º 197.º a 270.º-G)[52].

Na parte geral, encontram-se previstos os seguintes casos em que é concedido aos sócios o direito de se exonerarem da sociedade a que pertencem:

– art.º 3.º, n.º 6 – Direito de exoneração em caso de deliberação de transferência da sede principal e efectiva da administração da sociedade para o estrangeiro;
– art.º 45.º, n.º 1 – Direito de exoneração por existência de vícios na formação da vontade do sócio na outorga do contrato de sociedade;
– art.º 137.º – Direito de exoneração em caso de deliberação de transformação da sociedade;
– art.º 161.º, n.º 5 – Direito de exoneração em caso de regresso à actividade da sociedade dissolvida, após início da partilha, quando resulte consideravelmente reduzida a participação de algum sócio no capital da sociedade.

---

saída dos sócios nos casos de alteração do objecto social, transferência da sede social para o estrangeiro, alteração do regime de transmissão das participações sociais, prorrogação do prazo de duração da sociedade, reactivação da sociedade dissolvida, transformação noutro tipo societário, ingresso em agrupamento económico e criação, modificação ou extinção antecipada da obrigação de realizar prestações acessórias.

No C. Comercial de Macau foram eliminadas algumas das causas legais de exoneração constantes do C.S.C., de que daremos conta oportunamente.

[51] Este sistema também já tinha sido seguido pelo nosso Código Comercial de 1888.

[52] O direito de exoneração em caso de deliberação de transferência da sede principal e efectiva da administração da sociedade para o estrangeiro surge quer na parte geral (art.º 3.º, n.º 6), quer na parte especial (art.º 240.º, n.º 1, a)), mas aí com a especialidade de se exigir que o sócio tenha votado contra essa deliberação, não sendo suficiente que não tenha votado favoravelmente.

Na parte do C.S.C. apenas dedicada às sociedades por quotas, estão previstos os seguintes casos[53]:
- art.º 207.º – Direito de exoneração do antigo sócio interpelado para pagar prestação em dívida respeitante à entrada de novo sócio, resultante de aumento do capital social;
- art.º 229.º, n.º 1, a) – Direito de exoneração devido à existência duma proibição de cessão de quotas;
- art.º 240.º, n.º 1, a) – Direito de exoneração em caso de deliberação de aumento de capital a subscrever total ou parcialmente por terceiros;
- art.º 240.º, n.º 1, a) – Direito de exoneração em caso de deliberação de mudança do objecto social;
- art.º 240.º, n.º 1, a) – Direito de exoneração em caso de prorrogação da sociedade;
- art.º 240.º, n.º 1, a) – Direito de exoneração no caso de deliberação de regresso à actividade da sociedade dissolvida;
- art.º 240.º, n.º 1, b) – Direito de exoneração em caso de deliberação de não exclusão de outro sócio ou de não promoção da sua exclusão judicial, existindo justa causa para a exclusão.

Há quem aponte a existência de um direito legal de exoneração dos sócios livres nas sociedades dependentes e nas sociedades subordinadas, numa relação de grupo (art.º 488.º e seg., do C.S.C.)[54]. Na

---

[53] Todos os Anteprojectos e o Projecto do C.S.C. (art.º 246.º, n.º 1, c)) previam como causa de exoneração a não destituição de gerente pela sociedade, quando tivessem sido cometidas faltas graves por aquele. Esta causa legal não passou para a redacção final do C.S.C. pela simples razão que este diploma possibilitou no art.º 257.º, n.º 4, que qualquer sócio requeresse em acção judicial a suspensão ou a demissão de gerente com fundamento em justa causa.

[54] RAÚL VENTURA, em *Sociedades por quotas,* vol. II, pág. 17, BRITO CORREIA, em *Direito comercial,* 2.º vol., pág. 456, FRANCISCO BRITO PEREIRA COELHO, em *Grupos de sociedades – anotação aos art.º 488.º a 508.º, do C.S.C.,* no B.F.D.U.C., n.º LXIV (1988), pág. 324-326, COUTINHO DE ABREU, em *Curso de direito comercial,* vol. II, pág. 418, nota 451, e pág. 420, e RICARDO SANTOS COSTA, em *A sociedade por quotas unipessoal no direito português,* pág. 272, nota 259.

verdade, o art.º 490.º, do C.S.C., após no n.º 3 permitir que a sociedade dominante[55] imponha a transmissão para si das quotas dos sócios livres na sociedade dependente[56], também permite, no n.º 5, que estes imponham àquela sociedade essa transmissão. Igualmente, outorgando-se um contrato de subordinação[57], o art.º 499.º, do C.S.C., permite que os sócios livres da sociedade subordinada imponham a transmissão das suas quotas para a sociedade directora.

Todavia, em ambos os casos, estamos perante cessões de quotas impostas a outro sócio da mesma sociedade ou a terceiro (no caso da sociedade directora não ser sócia da sociedade subordinada) e não perante perda de quotas, como ocorre no direito de exoneração. Se em ambos os casos há um sócio que abandona a sociedade, o meio pelo qual esse resultado ocorre é diferente. Na cessão de quotas, o sócio transmite, por negócio *inter vivos*, a sua quota a outrém, verificando-se apenas uma mudança subjectiva na sua titularidade, enquanto na exoneração há uma perda da participação social de um determinado sócio. É certo que um dos meios técnicos de efectivação do direito de exoneração pode ser a transmisssão da quota do sócio que se exonerou para terceiro, mas essa transmissão é promovida e realizada pela sociedade a que pertence o sócio exonerado.

---

[55] São sociedades dominantes aquelas que, por si ou conjuntamente com outras sociedades ou pessoas com as quais tem uma relação de participação, disponham de quotas correspondentes a, pelo menos, 90% do capital de outra sociedade, denominada de dependente (art.º 488.º a 490.º, do C.S.C.).

[56] Preceito que foi considerado inconstitucional pelo acórdão do S.T.J. de 2-10-1997, pub. no B.M.J. n.º 470, pág. 619, relatado por LÚCIO TEIXEIRA, o qual foi justificadamente criticado por ENGRÁCIA ANTUNES, em *O art.º 490.º, do C.S.C. e a lei fundamental. Propriedade corporativa, propriedade privada, igualdade de tratamento*, em *Estudos em comemoração dos 5 anos (1995-2000), da Faculdade de Direito da Universidade do Porto*, pág. 147-276. Sobre esta problemática deve ler-se o bem fundamentado acórdão da Relação de Lisboa de 29-10--2002, na C.J., Ano XXVII, tomo 4, pág. 106, relatado por ABRANTES GERALDES.

[57] Por este contrato, uma sociedade subordina a gestão da sua actividade à direcção de uma outra sociedade, quer esta seja sua dominante ou não (art.º 493.º, do C.S.C.).

Apesar da transmissão das quotas ser imposta por um acto de vontade dos sócios livres[58], numa excepção ao princípio da liberdade contratual, não deixa de constituir o mesmo, relativamente à participação no contrato de sociedade, uma mera cessão da posição contratual e não uma desvinculação unilateral da relação societária exercida perante a sociedade.

Daí que as referidas transmissões forçadas não consubstanciem um direito de exoneração[59], não estando por isso sujeitas ao seu regime, mas sim às regras especificamente previstas nos citados art.º 490.º e 499.º, do C.S.C..

Há também quem defenda a consagração legal de um direito de exoneração aos sócios que votaram contra as deliberações de fusão e cisão de sociedades[60].

Se é certo que a antiga Lei das Sociedades por Quotas, de 1901, atribuía o direito de exoneração aos sócios que votassem contra a deliberação de fusão de sociedades (art.º 41.º, § 3.º), outra foi a solução adoptada pelo C.S.C., conforme resulta da leitura do n.º 1, do seu art.º 105.º, aplicável também às operações de cisão, por força da remissão do art.º 120.º, do mesmo diploma[61]. Dispõe aquela norma o seguinte[62]:

---

[58] Sobre a qualificação deste contrato, na hipótese da transmissão das quotas dos sócios livres das sociedades subordinadas, como contrato de opção, ver RAÚL VENTURA, em *Novos estudos sobre sociedades anónimas e sociedades em nome colectivo,* pág. 122.

[59] Neste sentido, MARIA AUGUSTA FRANÇA, em *Direito à exoneração,* em *Novas perspectivas do direito comercial,* pág. 209, e ENGRÁCIA ANTUNES, em *Os grupos de sociedades...,* pág. 789, nota 1545.

[60] BRITO CORREIA, em *Direito comercial,* 2.º vol., pág. 456, e PAULO VIDEIRA HENRIQUES, em *A desvinculação unilateral ad nutum nos contratos civis de sociedade e de mandato,* pág. 35-36, nota 21.

[61] Antes da reforma do direito societário de 2003, o C.C. Italiano nos art.º 2501 a 2505 *decies,* onde eram regulamentadas as operações de fusão e cisão de sociedades, também não previa a hipótese dos sócios discordantes se exonerarem, admitindo a doutrina e a jurisprudência a constituição deste direito, se essas operações implicassem alguma das alterações previstas no art.º 2437, do referido diploma, como a mudança do objecto social ou a transferência da sede para o estrangeiro. Vide GIOVANNI GRIPPO, em *Il recesso del socio,* em *Trattato*

"Se a lei ou o contrato de sociedade atribuir ao sócio que tenha votado contra o projecto de fusão o direito de se exonerar, pode o sócio exigir, nos 30 dias subsequentes à data da publicação prescrita no n.º 1, do art.º 107.º, que a sociedade adquira ou faça adquirir a sua participação social".

Da sua leitura resulta claramente que não se atribui aqui qualquer direito específico, regulamentando-se apenas nestas situações o exercício de um direito de exoneração, estipulado nos estatutos da sociedade ou consagrado noutra disposição legal[63]. Essa disposição tanto pode ser uma norma que atribua excepcionalmente esse direito a determinados casos de fusão ou cisão, cuja existência, por ora, se desconhece, como encontrar-se entre as normas que concedem o direito de exoneração nas sociedades por quotas, na hipótese de ocorrerem determinadas alterações nos estatutos da sociedade ou na sua vida interna, as quais podem verificar-se numa operação de

---

delle società per azioni, de G.E. Colombo e G.B. Portale, vol. 6*, pág. 161-167, e Danilo Galletti, em *Il recesso nelle società di capitali*, pág. 226-234.

Após as alterações introduzidas no C.C. Italiano pelo Decreto n.º 6/2003, passou a atrbuir-se ao sócio que não haja votado favoravelmente as deliberações de fusão ou cisão da sociedade a possibilidade de abandonar a sociedade, independentemente das repercussões destas operações na estrutura daquela (art.º 2473, do C.C. Italiano).

Em Espanha a *Ley* 2/1995 remete o regime de fusão e cisão de sociedade para as regras destas operações previstas nas secções 2.ª e 3.ª, do capítulo VIII, da *Ley de Sociedades Anónimas* (art.º 94), não estando aí prevista a possibilidade do sócio não concordante com estas operações se exonerar, pelo que só lhe assistirá este direito se, em consequência da fusão ou cisão, ocorrer uma situação abrangida pelas previsões do direito de exoneração.

O C. Comercial de Macau seguiu nesta matéria a orientação do C.S.C. (art.º 280.º e 295.º, do C.S.C.).

[62] Este artigo corresponde substancialmente ao disposto no anterior art.º 9.º, do D.L. 598/73, revogado pelo art.º 3.º, do D.L. n.º 262/86, que aprovou o C.S.C..

[63] Neste sentido, Raúl Ventura, em *Fusão, cisão, transformação de sociedades*, pág. 138-143, Maria Augusta França, em *Direito à exoneração*, em *Novas perspectivas do direito comercial*, pág. 223, Pinto Furtado, em *Curso de direito das sociedades*, pág. 500, Coutinho de Abreu, em *Curso de direito comercial*, vol. II, pág. 416, e Joana Vasconcelos, em *A cisão de sociedades*, pág. 179-181.

fusão ou cisão[64]. Na verdade, em operações como estas pode ocorrer uma transformação da sociedade (se a sociedade incorporante ou a nova sociedade forem de tipo diferente da sociedade a que pertence o sócio que pretende exonerar-se), uma transferência da sede principal e efectiva da administração da sociedade para o estrangeiro (se a sociedade incorporante ou a nova sociedade tiverem, ou passem a ter, a sua sede efectiva e principal em país estrangeiro, o que não sucedia com a sociedade a que pertence o sócio que se pretende exonerar), um aumento de capital a subscrever total ou parcialmente por terceiros (o que apenas pode ocorrer na sociedade incorporante), uma mudança do objecto social (se a sociedade incorporante ou a nova sociedade tiverem um objecto diferente da sociedade a que pertence o sócio que pretende exonerar-se), uma prorrogação da duração da sociedade (se a sociedade incorporante ou a nova sociedade tiverem uma duração indeterminada ou uma duração fixa superior à duração fixa da sociedade a que pertence o sócio que se pretende exonerar), ou o seu regresso à actividade (sendo permitida a fusão ou cisão de sociedade dissolvida, o regresso à actividade é pressuposto dessa admissibilidade). Todas estas situações conferem ao sócio discordante o direito a exonerar-se (art.º 137.º e 240.º, n.º 1, a), do C.S.C.)[65].

Entendeu-se que, em regra, as operações de fusão ou cisão, em si, não se traduzem em alterações de tal modo relevantes que justifiquem a possibilidade dos sócios abandonarem a sociedade, podendo contudo implicar mudanças estatutárias parcelares, como as acima indicadas, que atribuem esse direito, independentemente de se inserirem ou não numa dessas operações. O regime do exercício desse direito é que será diferente, caso essas mudanças ocorram numa

---

[64] RAÚL VENTURA, em *Fusão, cisão, transformação de sociedades,* pág. 36--40 e 142-143 e JOANA VASCONCELOS, em *A cisão de sociedades,* pág. 179-181.

[65] Problemáticas poderão ser as situações em que estas alterações não afectem, ou apenas afectem parcialmente o sócio que se pretende exonerar, o que poderá ocorrer nas operações de cisão de sociedades, como nos dá conta, relativamente ao sistema italiano, JOANA VASCONCELOS, em *A cisão de sociedades,* pág. 170, nota 578.

sociedade por quotas, no âmbito de uma operação de fusão ou cisão, ou fora dessas operações. Na primeira hipótese, valerá o disposto no art.º 105.º, do C.S.C., e apenas subsidiariamente o regime do art.º 240.º, do mesmo diploma, e, no segundo caso, apenas o disposto neste último artigo [66].

Analisemos agora separadamente cada uma destas situações em que por previsão legal é permitida a exoneração de sócios nas sociedades por quotas.

1.1. Direito de exoneração devido à existência duma proibição de cessão de quotas (Art.º 229.º, n.º 1, a), do C.S.C.)

A sociedade por quotas é um tipo que se caracteriza pela sua elasticidade, ao permitir a sua organização com uma estrutura personalista ou capitalista, conforme as opções dos seus sócios, manifestadas no estatuto adoptado para a sociedade [67].

Construindo-se a maioria das sociedades por quotas, no nosso país, sob uma estrutura personalista, é frequente que os estatutos destas sociedades restrinjam a livre cessão de quotas visando, sobretudo, impedir a entrada de estranhos na sociedade, e admitindo, inclusive, o art.º 229.º, do C.S.C., a estipulação de cláusula proibindo de forma absoluta a possibilidade dessa cessão [68]. Conferiu-se assim a maior elasticidade a este tipo contratual, possibilitando-se a formação de sociedades fortemente personalistas e fechadas.

---

[66] RAÚL VENTURA, em *Fusão, cisão, transformação de sociedades,* pág. 140 e 143-148, e JOANA VASCONCELOS, em *A cisão de sociedades,* pág. 181.

[67] Sobre a natureza jurídica das sociedades por quotas, ANTÓNIO CAEIRO, em *A exclusão estatutária do direito de voto nas sociedades por quotas,* em *Temas de direito das sociedades,* pág. 17-64, e RAÚL VENTURA, em *Sociedades por quotas,* vol. I, pág. 29-38.

[68] Na vigência da L.S.Q., de 1901, discutia-se se era admissível uma cláusula deste tipo, tendo-se pronunciado favoravelmente RAÚL VENTURA, em *Cessão de quotas,* pág. 17 e seg., aplicando as regras previstas para a cessão de créditos (art.º 577.º, do C.C.), e ANTÓNIO CAEIRO, em *A exclusão estatutária do direito de voto nas sociedades por quotas,* em *Temas de direito das sociedades,* pág. 54- -59, aplicando o regime previsto para as sociedades civis, relativamente à possibilidade dos sócios se exonerarem (art.º 1002.º, do C.C.)

Admitindo o legislador que se clausulasse a proibição de cedência das quotas, não poderia deixar os sócios obrigatoriamente presos à sociedade que constituíram, por um período tão longo de tempo que afectasse a sua liberdade de iniciativa económica, pelo que lhes permitiu que se exonerassem livremente, decorridos 10 anos após o seu ingresso na organização [69].

---

[69] Nos Anteprojectos de Vaz Serra e Raúl Ventura (art.º 138.º, n.º 4, e 89.º, n.º 3, respectivamente) estava previsto em ambos um prazo de 5 anos, enquanto no Anteprojecto de Coimbra (art.º 56.º), estava previsto um prazo de 3 anos, tendo o prolongamento excessivo para um prazo de 10 anos surgido no Projecto do C.S.C. (art.º 212.º).

O C.C. Italiano (art.º 2479), o C.O. Suíço (art.º 791, n.º 3) e a *Ley* 2/1995 espanhola (art.º 29 e 30) admitem a proibição estatutária da cessão de quotas.

O sistema italiano até à reforma de 2003 não previa a possibilidade dos sócios se exonerarem nessas situações, o que era justificado por DANILO GALETTI, em *Il recesso nelle società di capitali*, pág. 115, por nos encontrarmos perante um tipo societário em que há uma limitação do risco. Contudo, o art.º 2479, do C.C. Italiano, após as alterações efectuadas pelo Decreto n.º 6/2003, passou a conferir o direito dos sócios se exonerarem não só nessas situações, mas também quando a cedência de quotas esteja sujeita, sem condições ou limites ao consentimento de órgãos sociais, dos sócios ou de terceiros, ou quando o pacto social estabeleça condições ou limites que impeçam no caso concreto a transferência das quotas *mortis causa*. Nestes casos o pacto social pode, porém, impedir o exercício do direito de exoneração nos primeiros dois anos.

O art.º 2473, do C.C. Italiano, após a revisão operada pelo Decreto n.º 6//2003, também veio atribuir o direito de exoneração aos sócios das sociedades constituídas por tempo indeterminado, a qualquer momento, desde que esse direito seja exercido com um pré-aviso de 6 meses, podendo o pacto social aumentar este prazo para um ano.

O sistema suíço não deixa de permitir que os sócios invoquem essa proibição para completarem um quadro que lhes confira um justo motivo para que lhes seja judicialmente reconhecido o direito à exoneração, ao abrigo do disposto no art.º 822, n.º 2, do C.O..

Já a *Ley* 2/1995 espanhola subordina a admissibilidade das cláusulas proibitivas à estipulação de um direito de exoneração exequível a todo o tempo, ou após um período máximo de 5 anos, a contar da entrada do sócio na sociedade.

No C. Comercial de Macau não se admite a estipulação de cláusulas limitativas da cessão de quotas, salvo as que consagrem direitos de preferência nessas transmissões (art.º 367.º, n.º 8).

[70] RAÚL VENTURA, em *Sociedades por quotas,* vol. II, pág. 16.

O direito de exoneração não existe nos casos em que se verifique uma mera impossibilidade de facto de transmissão da quota, designadamente por causa da existência duma onerosa e duradoura obrigação de prestações suplementares, dado que essas situações não podem ser consideradas equivalentes à proibição convencionada dessa transmissão[70].

Também a não permissão pela sociedade da cessão de uma quota, quando este acto está dependente do consentimento social, não confere ao sócio que pretenda ceder a sua quota o direito a exonerar-se, tendo-se optado antes por exigir à sociedade que, com a recusa do consentimento, efectue uma proposta de amortização ou aquisição dessa quota, sob pena de se tornar livre a pretendida cessão (art.º 231.º, n.º 1 e 2, a), do C.S.C.).

O prazo de 10 anos conta-se desde a data do ingresso do sócio na sociedade, quer este seja um sócio originário ou superveniente por aumento do capital social. Se a cláusula proibitiva tiver sido estabelecida por via da alteração de um pacto social já existente, aquele prazo conta-se desde a data dessa alteração, se o sócio em causa já tiver ingressado na sociedade, independentemente da sua antiguidade nesta. Caso se verifique uma transmissão da titularidade da quota, que não seja a cessão desta por ser proibida (v.g. por sucessão *mortis causa*), para a contagem do prazo de 10 anos, vale a data de ingresso do sócio originário na sociedade[71].

A fixação legal do prazo de 10 anos tem carácter imperativo, não sendo possível aos sócios estipular no pacto social um prazo superior ou inferior a este[72]. A fixação convencional de um prazo inferior a 10 anos, para a possibilidade de exoneração arbitrária, nos casos de interdição absoluta de cessão de quotas, violaria a proibição contida no art.º 240.º, n.º 6, do C.S.C., pelo que uma cláusula nesse sentido seria nula. Já a fixação estatutária de um prazo superior a 10 anos consistiria numa limitação inadmissível do direito legal de exoneração atribuído aos sócios das sociedades por quotas de forma imperativa.

---

[71] RAÚL VENTURA, em *Sociedades por quotas,* vol. I, pág. 602.

Se o prazo de duração da sociedade for inferior a 10 anos, o sócio fica inevitavelmente prisioneiro da sociedade durante o tempo de vida desta, não lhe sendo possível desvincular-se através duma exoneração arbitrária ou ceder a sua quota a terceiro, restando-lhe os casos de exoneração justificada, legais ou convencionais.

1.2. Direito de exoneração por existência de vícios na formação da vontade do sócio na constituição da sociedade (Art.º 45.º, n.º 1, do C.S.C.)

A protecção do tráfico juridico-comercial, nomeadamente a dos interesses dos terceiros que se relacionaram com a sociedade, levou a que o legislador tivesse criado um regime específico nas sociedades comerciais por quotas, anónimas e em comandita por acções, para as situações de existência de vícios na vontade dos sócios, quando outorgaram o contrato constitutivo, não tendo adoptado a solução da anulabilidade, prevista para a generalidade dos contratos. Recorreu também aqui à figura do direito de exoneração, como forma de conciliar a protecção aos interesses do sócio cuja vontade se revelou viciada, com os interesses dos que já se relacionaram comercialmente com a sociedade. Não só a existência daquele vício no processo formativo da vontade de contratar de um sócio não determina a invalidade de todo o contrato de sociedade, como também não provoca sequer a anulabilidade do vínculo societário desse sócio, apenas lhe conferindo o direito a exonerar-se[73].

---

[72] Neste sentido, PAULO VIDEIRA HENRIQUES, em *A desvinculação unilateral ad nutum nos contratos civis de sociedade e de mandato*, pág. 57-59.

RAÚL VENTURA, em *Sociedades por quotas*, vol. I, pag. 602, defende a imperatividade enquanto prazo máximo, mas opina pela sua supletividade enquanto prazo mínimo.

[73] Esta solução que tem a sua fonte no art.º 365 da Lei Francesa n.º 66-537, de 24-7-1966, o qual continha medidas alternativas à nulidade do acto constitutivo, revela-se original, não tendo sido seguida no C. Comercial de Macau que remeteu estas situações para o regime geral da lei civil.

RAÚL VENTURA, em *Adaptação do direito português à 1.ª directiva do Conselho da Comunidade Económica Europeia sobre direito das sociedades*,

As consequências desta opção são muito distintas, atenta a diferença de regimes das duas figuras, não se revelando adequada a aplicação da figura da anulabilidade, totalmente descaracterizada nos seus efeitos próprios. Enquanto o direito à anulação é um direito potestativo que se imporia inelutavelmente à sociedade, o direito de exoneração, como já vimos, é um direito a uma prestação da sociedade (a liquidação da quota), mas que não coloca o sócio, que teve a sua vontade viciada, numa situação de completa dependência do comportamento da sociedade para obter o seu desligamento, uma vez que, não liquidando esta a quota, poderá sempre o sócio requerer a sua dissolução judicial (art.º 240.º, n.º 3, do C.S.C.). No que respeita aos efeitos, o direito de anulação tem uma eficácia retroactiva-recuperatória das prestações efectuadas e uma eficácia liberatória das não executadas (art.º 289.º, do C.C.), enquanto o direito de exoneração não determina a devolução da entrada efectuada, antes compensa o valor actual da quota perdida, exigindo o cumprimento prévio da obrigação de liberar as entradas (art.º 240.º, n.º 2 e 4, do C.S.C.).

Atento o ponto desejável de harmonização dos interesses conflituantes, é preferível a opção pela figura do direito de exoneração, com algumas especialidades que o não descaracterizam, copiadas do instituto da anulabilidade dos negócios jurídicos.

A circunstância desta reacção ter sido prevista apenas para as sociedades por quotas, anónimas e em comandita por acções, revela que foi o esbatimento do elemento pessoal neste tipo de sociedades, que permitiu ao legislador avançar com uma solução menos drástica que a anulabilidade, mesmo que parcial.

---

pág. 90, nota 62, da Separata do B.M.J. – Documentação e Direito Comparado, n.º 2, mostrou sérias reservas a esta solução, que então já constava do Anteprojecto de Coimbra (art.º 34.º a 37.º), preferindo a solução da anulabilidade parcial, com a especificidade do valor da quota a restituir ser reportado ao momento da anulação.

DANILO GALLETTI, em *Il recesso nelle società di capitali*, pág. 48-56, aborda a possibilidade de aplicação do direito de exoneração aos casos de vícios na formação da vontade do sócio na constituição da sociedade, referindo-se à *"interessante soluzione del diritto portoghese"* (pág. 53).

Como o recurso a esta figura se justifica, fundamentalmente para salvaguardar os interesses dos terceiros que se relacionaram com a sociedade, o direito de exoneração só tem lugar após se encontrar completo todo o processo de constituição da sociedade, com o registo desta, pois só nessa altura adquire personalidade jurídica (art.º 5.º, do C.S.C.), além de que o direito de exoneração pressupõe um vínculo a uma sociedade já constituída. Até ao registo da sociedade, as reacções à verificação de vícios da vontade devem ser as mesmas que se encontram previstas para os negócios jurídicos em geral, no Código Civil, nos termos do art.º 41.º, do C.S.C., e com as especificidades dele constantes.

Apesar de, na epígrafe do art.º 45.º, do C.S.C., existir uma referência aos vícios da vontade, não se pretendeu restringir a respectiva previsão a patologias na formação daquela, sendo também abrangidas divergências entre a vontade e a declaração negocial, as quais resultam de vícios na formulação da vontade[74]. O texto deste artigo reporta-se às situações de erro, dolo coacção, ou usura, como aquelas que possibilitam ao sócio afectado exonerar-se da sociedade. De fora, ficaram os casos de divergência intencional entre a vontade e o declarado, como a simulação[75], reserva mental e as declarações não sérias, por não merecerem, atenta a intencionalidade da divergência, uma protecção à posição do sócio. Em sentido contrário, por não ser

---

[74] FERRER CORREIA, em *Lei das sociedades comerciais – anteprojecto,* no B.M.J., n.º 191, pág. 103, relativamente à inclusão neste regime do erro-obstáculo.

[75] OLIVEIRA ASCENÇÃO, em *Direito comercial,* vol. IV, pág. 250, defende a interpretação extensiva do art.º 45.º, do C.S.C., de modo a abranger a declaração simulada, a qual constava do Anteprojecto de Coimbra (R.D.E., Ano III, n.º 1, pág. 188).

Não concordamos com esta interpretação, uma vez que foi vontade do legislador não atribuir o direito de exoneração aos sócios que voluntariamente produziram declarações não conformes com a sua vontade, com vista a garantir ao máximo a estabilidade da sociedade, na sequência da orientação da 1.ª Directiva do Conselho das Comunidades Europeias, de não relevar a simulação como vício do contrato. *Vide,* sobre este assunto, FERRER CORREIA, em *A nova sociedade por quotas de responsabilidade limitada do direito português,* em S.I., tomo XXXV, pág. 348-349.

suficiente a adopção da figura da exoneração, ficaram também excluídos os casos de incapacidade dos sócios, os quais estão sujeitos ao regime geral da anulabilidade dos negócios jurídicos, restrito à relação societária do sócio incapaz (art.º 45.º, n.º 2, do C.S.C.).

As situações de erro, dolo, coacção ou usura, constituem, por si só[76], justa causa de atribuição do direito de exoneração, desde que se verifiquem os pressupostos da anulabilidade dos negócios jurídicos em geral, com base nesses fundamentos (art.º 45.º, n.º 1, do C.S.C.).

As situações de erro podem registar-se quer na manifestação da vontade, sendo então denominadas de erro-obstáculo, onde existe uma divergência inconsciente entre a vontade do declarante e o texto declarado, quer na formação da própria vontade (erro-vício), em que se pode verificar um engano sobre a pessoa da contraparte, um engano sobre o objecto do negócio, ou um engano sobre os motivos do contrato.

O requisito geral para a relevância destas situações como factor de anulação dos negócios jurídicos é o do conhecimento ou cognoscibilidade da essencialidade do elemento onde se verificou o erro (art.º 247.º, aplicável também *ex vi*, dos art.º 250.º e 251.º, do C.C.)[77]. Para que o engano ocorrido permita a anulação do negócio, é necessário que se demonstre em primeiro lugar que, caso o outorgante se tivesse apercebido desse engano, nunca celebraria o contrato nos termos em que o fez. E, em segundo lugar, que o declaratário se tenha apercebido ou que, pelo menos, tinha o dever de se ter apercebido, se tivesse agido diligentemente, de que o elemento onde se verificou o erro era essencial na decisão de contratar do declarante enganado.

---

[76] MARIA AUGUSTA FRANÇA, em *Direito à exoneração*, em *Novas perspectivas do direito comercial*, pág. 218-219, apesar da redacção equívoca do art.º 45.º, n.º 1, do C.S.C., explica porque razão aqueles vícios não necessitam de integrar um conceito de justa causa para fundamentar o direito de exoneração, bastando a sua verificação *tout court*.

[77] CARLOS MOTA PINTO, em *Teoria geral do direito civil*, pág. 497, critica esta solução legal, defendendo que se devia exigir a cognoscibilidade da essencialidade do próprio erro e não apenas da essencialidade do elemento onde aquele se verificou.

Relativamente aos negócios tendencialmente plurilaterais, como sucede com os contratos de sociedade, esse conhecimento ou cognoscibilidade do declaratário deve verificar-se relativamente a todos os restantes outorgantes, não bastando que apenas um deles conhecesse ou devesse conhecer a essencialidade do elemento onde ocorreu o erro [78].

Mas, além deste requisito geral de anulabilidade dos negócios jurídicos por erro, existem outros requisitos específicos de cada tipo de erro.

Assim, no erro-obstáculo é necessário que o engano ocorrido não se traduza num simples erro de escrita ou de cálculo, situação em que deve proceder-se à sua rectificação (art.º 249.º, do C.C.).

No erro-vício, é necessário que o engano não incida sobre qualquer elemento legal da validade do negócio, devendo nesse caso aplicarem-se as regras previstas para a inobservância desse requisito legal [79].

E, no âmbito dos erros na formação da vontade, no erro sobre os motivos do negócio não basta o mencionado conhecimento ou cognoscibilidade da essencialidade do elemento sobre o qual recaiu o erro, sendo necessária a existência de um acordo tácito ou expresso entre as partes, sobre a essencialidade desse elemento (art.º 252.º, n.º 1, do C.C.), devendo esse acordo no contrato de sociedade ser celebrado por todos os sócios.

Verificados que estejam todos estes requisitos gerais e específicos da anulabilidade dos contratos, por erro, num contrato de sociedade, com o aditamento de que as condições referentes aos declaratários se estendem a todos os restantes sócios da respectiva sociedade, o sócio que errou tem direito à sua exoneração.

Apesar do art.º 252.º, n.º 2, do C.C., solucionar com a atribuição de um direito de resolução ou modificação do contrato, previstos no art.º 437.º, do C.C., e não com a anulabilidade, os erros sobre os

---

[78] FERRER CORREIA, *Lições de direito comercial,* vol. II, pág. 116-117, e em *Lei das sociedades comerciais – anteprojecto,* no B.M.J., n.º 191, pág. 1036--108, e MIGUEL PUPO CORREIA, em *Direito comercial,* pág. 365.

[79] CARLOS MOTA PINTO, em *Teoria geral do direito civil,* pág. 510.

motivos do negócio, que incidam sobre um elemento integrante da sua base, deve também reconhecer-se ao sócio enganado o direito a exonerar-se da sociedade, por analogia, fundada em identidade de razão, uma vez que a figura da exoneração é também aplicável a situações equiparáveis às que permitem a resolução prevista no art.º 437.º, do C.C..

As situações de dolo, fundamentadoras da anulabilidade dos negócios jurídicos, ocorrem quando os mencionados enganos essenciais foram determinados por um comportamento activo ou omissivo da contraparte, adoptado com a intenção de induzir ou manter em erro o autor da declaração (art.º 253.º e 254.º, n.º 1 do C.C.). Se o comportamento doloso for de terceiro, o negócio só é anulável se o declaratário conheceu ou devia ter conhecido, se tivesse adoptado um comportamento diligente, a existência dessa situação de engano provocada por terceiro (art.º 254.º, n.º 2, do C.C.). Isto sem prejuízo de se manter a possibilidade da anulabilidade, com fundamento na existência do erro, independentemente da sua origem.

Nos contratos de sociedade, o comportamento doloso tem de ser adoptado por todos os sócios restantes, ou, se imputável apenas a um deles, ser conhecido ou cognoscível pelos restantes, para poder fundamentar o direito de exoneração do sócio enganado[80].

Também é possível conjugar a fundamentação desse direito no comportamento doloso de um dos sócios, que não foi conhecido, nem era exigível que o fosse pelos restantes, e no conhecimento ou cognoscibilidade da essencialidade do elemento onde recaiu o erro do sócio enganado por estes últimos. Neste caso, o direito de exoneração baseia-se numa combinação entre a verificação dos vícios de vontade do dolo e do erro.

A coacção como causa de anulabilidade dos negócios jurídicos, denominada coacção moral, traduz-se na obtenção de uma declaração negocial, por receio do declarante, através da ameaça com um

---

[80] FERRER CORREIA, *Lições de direito comercial,* vol. II, pág. 113-115, e em *Lei das sociedades comerciais – anteprojecto,* no B.M.J., n.º 191, pág. 104-106, e MIGUEL PUPO CORREIA, em *Direito comercial,* pág. 365.

mal (art.º 255.º, n.º 1, do C.C.). A ameaça tem que ser efectuada com a intenção de se obter aquela declaração e o mal cominado não pode constituir o exercício normal de um direito. A ameaça pode ter origem no declaratário ou num terceiro, sendo indiferente para o destino do negócio se ela foi ou não conhecida do declaratário, quando efectuada por um terceiro, desde que, neste caso, a ameaça seja grave e justificado o receio da sua consumação (art.º 256.º, do C.C.).

No contrato de sociedade, se o acto de coacção é apenas imputável a um dos sócios, para fundamentar o direito de exoneração, o mal cominado tem de ser grave e o receio da sua consumação justificado, o que já não se exigirá se a coacção for imputável a todos os restantes sócios[81].

Se o negócio jurídico é celebrado sob coacção física, no qual está ausente qualquer manifestação de vontade do declarante, sendo este um mero autómato, o que também sucede nos casos de falta de consciência de emissão duma declaração negocial, o mesmo é considerado inexistente (art.º 246.º, do C.C.)[82].

É nossa opinião que, nestes casos, de absurda verificação no contrato de sociedade, atentas as características da sua forma obrigatória, a sanção é também a da inexistência de todo o contrato[83], por aplicação daquela regra geral, nos termos do art.º 2.º, do C.S.C., dado que a gravidade da situação não pode ser branqueada em nome dos interesses dos terceiros que entretanto contrataram com a sociedade.

A usura, como causa de anulabilidade dos negócios jurídicos, ocorre quando alguém, explorando uma situação de necessidade,

---

[81] FERRER CORREIA, em *Lições de direito comercial*, vol. II, pág. 115-116, e em *Lei das sociedades comerciais – anteprojecto*, no B.M.J., n.º 191, pág. 106, e MIGUEL PUPO CORREIA, em *Direito comercial*, pág. 366.

[82] FERRER CORREIA, em *Lei das sociedades comerciais – anteprojecto*, no B.M.J., n.º 191, pág. 101-103.

[83] MIGUEL PUPO CORREIA, em *Direito comercial*, pág. 366.

BRITO CORREIA, em *Direito comercial*, 2.º vol., pág. 205, nota 92, refere que não é uma situação que se enquadre no art.º 45.º, n.º 1, do C.S.C., por ser um caso de nulidade.

inexperiência, ligeireza, dependência, estado mental ou fraqueza de outrém, obtiver deste uma declaração negocial que se traduza em benefícios excessivos ou injustificados para o primeiro ou para terceira pessoa (art.º 282.º, do C.C.)[84]. Não se exige aqui que o acto de exploração seja efectuado necessariamente pelo declaratário, podendo ser por este, ou por um terceiro. Daí que também seja irrelevante no contrato de sociedade, outorgado por um dos sócios em situação de usura, a posição de quem explora o estado debilitado daquele, podendo ser a de um único sócio, de todos os restantes sócios, ou até de um estranho à sociedade. O sócio explorado terá sempre direito a exonerar-se da sociedade, nos termos do art.º 45.º, n.º 1, do C.S.C..

O direito de exoneração dos sócios, com fundamento nos vícios da vontade que referimos, pertence não só aos sócios primitivos, reportando-se os vícios ao contrato constitutivo da sociedade, mas também aos sócios supervenientes que ingressaram na sociedade após a sua constituição, através de negócio celebrado com esta (art.º 47.º, do C.S.C.). Esse negócio pode ser o de aumento de capital, com entrada de novos sócios (art.º 268.º, do C.S.C.), ou de alienação de quotas próprias da sociedade[85], ou de alienação pela sociedade de quotas de sócios, nos casos determinados na lei (v.g. art.º 225.º, n.º 2, 226.º, n.º 2, art.º 232.º, n.º 5, 240.º, n.º 3, e 242.º, n.º 3, do C.S.C.) ou no pacto social.

Nestas situações, relativamente à declaração de aquisição de quotas pelos novos sócios, a declaratária é a sociedade, agindo através dos seus representantes, mesmo que sejam vários os sócios a adquirir quotas em simultâneo, pelo que os requisitos de abandono da protecção da posição do declaratário apenas se devem verificar relativamente à sociedade, na pessoa física do seu representante e

---

[84] CARLOS MOTA PINTO, em *Teoria geral do direito civil,* pág. 532, defende que, provindo esse acto de aproveitamento de pessoa que tinha obrigação de apoiar ou socorrer o necessitado, o negócio deve ser considerado nulo, por ofensa dos bons costumes, nos termos do art.º 280.º, do C.C..

[85] Há alienações impostas pela lei, nos casos de perda da quota a favor da sociedade, por não liberação das entradas ou das prestações suplementares (art.º 204.º, 205.º e 212.º, do C.S.C.).

não dos seus sócios. Sendo certo que esses negócios, que se traduzem na admissão de novos sócios, exigem, após prévia deliberação da assembleia geral autorizando a sua realização e os seus termos, outorga de escritura pública, aquela deliberação, tomada pelos sócios, tem um significado meramente interno. As relações estabelecidas pela sociedade com terceiros, nestes casos, são autónomas relativamente ao processo de formação de vontade da sociedade, e estabelecem-se entre esses terceiros e os representantes da sociedade[86], pelo que são estes que assumem a posição de declaratário naqueles negócios, devendo verificarem-se neles os comportamentos activos os omissivos que conferem efeitos aos vícios de vontade daqueles terceiros. É essa também a solução que resulta da aplicação das regras gerais dos negócios celebrados por representante em nome do representado (art.º 259.º, n.º 1, do C.C., *in fine*).

Assim, nas situações de erro, o conhecimento, a cognoscibilidade ou o acordo sobre a essencialidade do elemento sobre o qual recaiu o erro devem verificar-se relativamente ao representante da sociedade que outorgou o respectivo negócio; nas situações de dolo, este ou o seu conhecimento devem verificar-se relativamente a esse mesmo representante; e, nas situações de coacção, a ameaça do mal que não seja grave ou não provoque um receio justificado também deve verificar-se relativamente ao representante da sociedade outorgante do negócio[87].

Não é atribuído o direito de exoneração aos novos sócios que adquiram quotas dos antigos (cessão de quotas), em que se verifique a existência de vícios na vontade, aplicando-se aí as regras gerais previstas para os negócios jurídicos, nomeadamente a sanção da anulabilidade, com os seus efeitos próprios.

---

[86] Sobre a qualificação da assembleia geral como órgão interno e suas consequências ver VASCO LOBO XAVIER, em *Anulação de deliberação social e deliberações conexas,* pág. 101, nota 7, PINTO FURTADO, em *Deliberações dos sócios,* pág. 89-92, e JOÃO ESPÍRITO SANTO, em *Sociedades por quotas e anónimas, vinculação: objecto social e representação plural,* pág. 377 e seg..

[87] Nas situações de usura, é indiferente quem pratica o acto de exploração.

O direito de exoneração conferido pelo art.º 45.º, n.º 1, do C.S.C., deve ser exercido no prazo de um ano após a cessação do vício que lhe serve de fundamento (art.º 287.º, n.º 1, do C.C.), sob pena deste se considerar sanado, uma vez que esse direito só pode ser exercido *"desde que se verifiquem as circunstâncias, <u>incluindo o tempo</u>* (o sublinhado é nosso), *de que segundo a lei civil, resultaria a sua relevância para efeitos de anulação do negócio jurídico"* (art.º 45.º, n.º 1, do C.S.C.). Verifica-se, no direito de exoneração, com fundamento em vício da vontade, uma derrogação do prazo geral de exercício deste direito, que é de 90 dias após o conhecimento pelo sócio do facto que lhe atribui tal faculdade (art.º 240.º, n.º 3, do C.S.C.).

No caso de erro ou dolo, o prazo só começa a correr a partir do momento em que o declarante se apercebeu da existência dos vícios; no caso de coacção e de usura, a partir do momento em que a ameaça ou o estado de debilidade cessou[88].

Tal como sucede nos negócios anuláveis, também se deve entender que a situação patológica originada pela verificação de vícios da vontade, que justificam a concessão de um direito de exoneração dos sócios, pode ser sanada pela confirmação do negócio, nos termos do art.º 288.º, do C.C.. A confirmação ocorre quando o titular do direito de exoneração declara expressa ou tacitamente aprovar o negócio através do qual ingressou na posição de sócio, tendo já conhecimento do vício que afectou a sua vontade e do seu direito a exonerar-se com esse fundamento.

O art.º 49.º, do C.S.C., permite a provocação desta forma de sanação do vício (*provocatio ad agendum*) por qualquer interessado, nomeadamente os outros sócios, ou a própria sociedade, de forma a evitar o prolongamento de um estado de incerteza. Esta provocação efectua-se pela notificação do sócio a que assiste o direito de exoneração para que o exerça, sob pena de, não o fazendo, o vício ficar sanado (art.º 49.º, n.º 1, do C.S.C.). Se o sócio não exercer o direito

---

[88] PIRES DE LIMA e ANTUNES VARELA, em *Código Civil anotado*, vol. I, pág. 264, e MOTA PINTO, em *Teoria geral do direito civil*, pág. 613.

de exoneração no prazo de 180 dias após ter recebido a notificação, o vício considera-se sanado por confirmação tácita, atenta a valoração pela lei do comportamento inactivo do sócio[89] (art.º 49.º, n.º 2, do C.S.C.). Apesar deste normativo, que abrange a previsão da confirmação provocada de situações de direito à anulação e direito à exoneração, se referir à propositura de acção como forma do exercício do direito, deve efectuar-se uma interpretação correctiva do seu texto, no que se refere ao exercício do direito de exoneração, o qual ocorre através de declaração à sociedade, nos termos do art.º 240.º, n.º 3 do C.S.C..

A comunicação provocatória não obedece a qualquer formalismo especial e, caso provenha de interessado que não seja a sociedade deve ser comunicada a esta (art.º 49.º, n.º 1, do C.S.C.).

As alternativas previstas nos art.º 50.º e 51.º, do C.S.C., apesar da referência, sem distinção de números, ao art.º 45.º do mesmo diploma, parecendo abranger ambas as situações previstas nos n.º 1 e 2, não se aplicam aos casos de direito de exoneração, uma vez que pressupõem a existência duma acção para exercício do direito, o que só sucede com o direito de anulação[90]. Além disso, a medida alterna-

---

[89] Sobre a qualificação e regime dos comportamentos omissivos nos negócios jurídicos, relevados pela lei, PAULO MOTA PINTO, em *Declaração tácita e comportamento concludente no negócio jurídico*, pág. 690 e seguintes.

[90] Estes artigos tiveram a sua fonte nos art.º 36.º e 37.º, do Anteprojecto de Coimbra, relativo às sociedades por quotas de responsabilidade limitada, inspirados na Lei Francesa de 1966, os quais, conforme resulta das exposições de motivos, constantes quer do B.M.J. n.º 191, pág. 113-115, quer da R.D.E., Ano III, n.º 1, pág. 190-192, se aplicavam quer ao direito de exoneração, quer ao direito de anulação. Porém, o modo como esse Anteprojecto regulava o direito de exoneração, no seu art.º 125.º, apesar duma redacção algo equívoca, sugeria que o seu exercício através de mera declaração à sociedade se reportava apenas às situações de reacção a uma deliberação da sociedade e não a casos como o da existência de vícios de vontade na outorga do contrato de sociedade, em que este seria efectuado através da propositura de uma acção, conforme resultava dos comentários constantes da mencionada exposição de motivos. Cumpre também salientar que a lei francesa, fonte destes artigos previa como consequência da existência de vícios da vontade um direito de anulação a exercer através de acção judicial e não um direito de exoneração a exercer através de declaração à sociedade. Este só surgia como medida alternativa à anulação, total ou parcial, do contrato de sociedade, a decretar pelo tribunal, a pedido de alguma das partes.

tiva referida no art.º 51.º, do C.S.C., encontra-se contemplada como consequência possível do exercício do direito de exoneração dos sócios das sociedades por quotas (art.º 240.º, n.º 3, do C.S.C.).

1.3. Direito de exoneração por oposição à deliberação de aumento de capital a subscrever total ou parcialmente por terceiros (Art.º 240.º, n.º 1, a), do C.S.C.)

Na sequência do que já dispunha a antiga Lei das Sociedades por Quotas, de 1901, no § 3.º, do seu art.º 41.º, o legislador atribui o direito de exoneração aos sócios discordantes de deliberações que alterassem o pacto social em pontos que se consideraram relevantes para a permanência dos sócios na sociedade.

Um destes pontos foi a introdução de novos sócios na sociedade, através do aumento do capital social da mesma[91].

A simples alteração do capital social, nomeadamente o seu aumento, deixou de ser razão para se impor um direito de exoneração, tendo-se relevado antes o facto de entrarem novos sócios, mediante

---

[91] Na L.S.Q., de 1901, permitia-se a exoneração dos sócios que não concordassem com o simples aumento, reintegração ou redução do capital social, o que conferia neste ponto, maior amplitude aos fundamentos do direito de exoneração (§ 3.º, do art.º 41.º).

Todos os Anteprojectos apenas se referem ao aumento da capital social, independentemente de serem ou não constituídas novas quotas e destas serem ou não subscritas por estranhos à sociedade (art.º 125.º, a), do Anteprojecto de Coimbra, art.º 138.º, n.º 2, a), do Anteprojecto de Vaz Serra, e art.º 89.º, n.º 2, a), do Anteprojecto de Raúl Ventura).

O Projecto do C.S.C. (art.º 246.º) já incluía uma redacção restritiva, apenas relevando o aumento do capital social, que importasse a entrada de novos sócios, a qual veio a ser adoptada na versão final do C.S.C., constando a mesma também do art.º 372.º, n.º 1, a), do C. Comercial de Macau.

O Decreto n.º 6/2003 veio consagrar no C.C.Italino este fundamento de exoneração, prevendo no art.º 2481, *bis*, que o sócio não concordante com o aumento de capital social donde resulte a criação de novas quotas, sem que exista um direito de preferência na sua aquisição, tem direito a exonerar-se da sociedade.

Em Espanha, a Lei 2/1995 não impõe este fundamento de exoneração.

uma operação de aumento de capital. Considerou-se que a estrutura habitualmente fechada das sociedades por quotas deveria permitir que um sócio que discordasse da entrada de novos membros pudesse abandoná-la.

Os sócios podem deliberar o aumento do capital social (art.º 87.º, do C.S.C.), sendo necessária para o efeito, pelo menos, uma maioria qualificada de ¾ dos votos correspondentes ao capital existente, podendo os estatutos exigir um número mais elevado de votos e inclusive a unanimidade deles (art.º 265.º, n.º 1, do C.S.C.). Uma das modalidades possíveis desse aumento pode ser a efectuada através de novas entradas, dando origem a novas quotas a subscrever por novos sócios, o que se traduz num aumento do património da sociedade. Nestes casos, a deliberação que decida pelo aumento do capital social já inclui a identidade dos novos sócios (art.º 87.º, n.º 1, g), do C.S.C.).

A admissão destes, através da criação de novas quotas, determina a perda de influência dos antigos sócios na vida da sociedade através do voto, pois a proporção da sua participação no capital social diminui, tal como diminui a sua participação nos benefícios sociais, designadamente nos lucros de exercício. Foi este factor, conjugado com a possibilidade das pessoas dos novos sócios não serem do agrado dos antigos membros, que votaram contra a deliberação de aumento de capital, que determinou o legislador a tipificar esta causa do direito de exoneração dos sócios vencidos na deliberação (art.º 240.º, n.º 1, a), do C.S.C.). Como é óbvio esta situação só poderá ocorrer quando o pacto social não exigir a unanimidade dos votos para se alterar o contrato social nesta matéria.

Apenas o sócio que votou contra a proposta de aumento de capital aberta a estranhos tem o direito a exonerar-se da sociedade, não o podendo fazer o sócio que se absteve na votação, ou que nela não participou (art.º 240.º, n.º 1, do C.S.C.).

O legislador, além de exigir uma deliberação tomada por maioria qualificada e a possibilidade do recurso ao ágio (art.º 87.º, e), do S.C.), procurou ainda salvaguardar os interesses dos antigos sócios, concedendo-lhes um direito de preferência na subscrição das novas quotas (art.º 266.º, n.º 1, do C.S.C.), o qual só pode ser limitado ou suprimido pela Assembleia Geral que aprovar o respectivo aumento de capital, desde que o interesse social o justifique (art.º 266.º, n.º 3 e 460.º, n.º 1 e 2, do C.S.C.).

O direito de exoneração só poderá existir nesses casos em que foi afastado o direito de preferência dos antigos sócios, uma vez que, não sendo exercido este direito, ou sendo o mesmo alienado a terceiros (art.º 267.º, do C.S.C.), não se justifica que o sócio discordante continue a ter a possibilidade de se exonerar da sociedade, pois ele, ao não exercer o seu direito de preferência, acabou também por permitir a admissão dos novos sócios[92]. Apesar do exercício daquele direito de preferência acarretar para o sócio discordante algum dispêndio, a sua opção pelo não exercício do direito é um acto voluntário que abala a consistência da sua discordância[93].

1.4. Direito de exoneração por oposição à deliberação de mudança do objecto social (Art.º 240.º, n.º 1, a), do C.S.C.)

Outro dos pontos do pacto social que o legislador considerou relevante para a permanência dos sócios foi aquele em que se define o objecto da sociedade[94].

---

[92] RAÚL VENTURA, em *Sociedade por quotas*, vol. II, pág. 21-22.
É esta também a actual solução do direito italiano consagrada pelo Decreto n.º 6/2003, no art.º 2481 *bis*, do C.C. Italiano.

[93] Nos casos de deliberação de aumento de capital, no âmbito de um plano de restruturação financeira, num processo especial de recuperação de empresas, no âmbito do CPEREF, parecia nunca pode ser afastado o direito de preferência dos sócios na subscrição das novas quotas (art.º 88.º, n.º 2, a) e 90.º, do CPEREF), pelo que estes não teriam direito a exonerarem-se, resultando sempre de um acto da sua vontade a admissão de novos sócios. Já no actual CIRE o art.º 198.º, n.º 2, b), admite que a deliberação de aumento do capital social respeite ou não o direito de preferência dos sócios, pelo que estes poderão ter o direito a exonerar-se caso se delibere não respeitar o direito de preferência destes na subscrição de novas quotas.

[94] Este ponto é comum a todos os projectos e sistemas que optam por tipificar imperativamente causas de exoneração, uma vez que se traduz numa modificação do fim comum visado com a celebração do contrato de sociedade.

A lei exige que no contrato figurem as actividades que os sócios se propõem exercer em comum (art.º 9.º, n.º 1, d) e 11.º, n.º 1, do C.S.C.), compondo essas actividades o objecto da sociedade, ou seja os limites do seu campo de actuação.

Essa exigência visa proteger os interesses dos sócios, na estabilização das condições de risco da sua participação no projecto social, e também dos terceiros que contratam com a sociedade, na delimitação dos poderes de actuação dos representantes desta[95].

A definição das actividades sociais deve ser efectuada de forma a que estas fiquem perfeitamente determinadas, sem necessidade de enumeração dos actos que compõem o meio de realização das mesmas[96].

Uma coisa é esta definição estatutária das actividades que a sociedade pode exercer, outra são as actividades efectivamente exercidas, as quais se têm de conter dentro daquelas, mas não de as exaurir. Aos sócios caberá deliberar quais as actividades a exercer dentro das previstas no pacto social, bem como a suspensão ou cessação de actividades já exercidas (art.º 11.º, n.º 2, do C.S.C.). A discordância destas deliberações sobre a amplitude da actividade social efectivamente exercida, dentro dos limites da actividade estipulada, não confere qualquer direito de exoneração, uma vez que não comportam qualquer alteração das margens do risco estatutariamente assumido.

A alteração do objecto social consagrado nos estatutos só pode ser efectuada por alteração do título constitutivo, sendo necessária, para o efeito, pelo menos uma maioria qualificada de ¾ dos votos correspondentes ao capital social, podendo os estatutos exigir um número mais elevado de votos e inclusive a unanimidade deles (art.º 265.º, n.º 1, do C.S.C.).

Tal como sucedia nas situações de aumento de capital social aberto a estranhos, apenas o sócio que votou contra a proposta de

---

[95] GIOVANNI GRIPPO, em *Il recesso del socio*, em *Trattato delle società per azioni*, vol. 6*, de G.E. Colombo e G.B. Portale, pág. 147-151 e GIOVANNI TANTINI, em *Le modificazioni dell' atto costitutivo nela sozieta per azioni*, pág. 165-177.

[96] PINTO FURTADO, em *Curso de direito das sociedades*, pág. 325-330.

alteração do objecto social tem o direito a exonerar-se da sociedade, não o podendo fazer o sócio que se absteve na votação, ou que nela não participou (art.º 240.º, n.º1, do C.S.C.). Como é óbvio, esta situação só poderá ocorrer quando o pacto social não exija a unanimidade dos votos para se alterar o contrato social nesta matéria.

De fora ficam as alterações de facto ao objecto social, ditadas pela prática societária, uma vez que o sócio discordante só pode reagir com a sua exoneração perante uma deliberação de alteração dos estatutos e não perante o incumprimento destes pelos orgãos da sociedade[97]. Esse incumprimento tem uma solução mais drástica, conferindo aos sócios o direito de requererem a dissolução da sociedade (art.º 142.º, n.º 1, d), do C.S.C.).

A lei permite que o pacto social autorize, livre ou condicionalmente, a aquisição pela sociedade de participações em sociedades com objecto diferente (art.º 11.º, n.º 3, do C.S.C.), não assistindo também ao sócio discordante, no caso de exercício desse direito estatutário, direito de exoneração, uma vez que se trata de acréscimo de risco contratualmente previsto.

Este direito de exoneração foi atribuído aos sócios discordantes com o fundamento na alteração verificada nas suas condições de risco na participação no projecto social, contra a sua vontade, podendo essa alteração traduzir-se quer num agravamento, quer numa diminuição. Não importa se houve um aumento, diminuição ou completa ou parcial substituição das actividades previstas, necessário é que se tenha verificado uma modificação no leque de actividades que estava elencado no pacto social e que motivaram os sócios a investir naquele projecto económico[98].

---

[97] Vide neste sentido as opiniões de GIOVANNI GRIPPO, em *Il recesso del socio*, em *Trattato delle società per azioni*, vol. 6*, de G.E. Colombo e G.B. Portale, pág. 156-157 e GIOVANNI TANTINI, em *Le modificazioni dell' atto costitutivo nela sozieta per azioni*, pág. 172, proferidas antes da revisão do direito societário de 2003. A nova redacção do art.º 2473, do C.C. Italiano, veio, porém, expressamente atribuir o direito de exoneração aos sócios que não concordaram com a realização de actos de gestão que na prática se traduziram numa substancial alteração do objecto social definido nos estatutos da sociedade

[98] RAÚL VENTURA, em *Sociedade por quotas*, vol. II, pág. 22, e E. GLIOZZI, em *Gli atti estranei all' oggetto sociale nelle società per azioni*, pág. 170.

Mas essa modificação tem que assumir alguma relevância, para poder justificar a concessão de um direito de exoneração ao sócio discordante, não sendo suficiente qualquer pequena alteração[99]. A modificação do objecto social, seja qual for o seu sentido, deve assumir uma dimensão que, pela alteração qualitativa ou quantitativa que provoca nas condições de risco livremente assumidas pelos sócios, justifique que aqueles que dela discordaram minoritariamente se possam afastar do novo projecto societário. Não exigindo expressamente a lei essa relevância, e caso não se considere que a mesma pode resultar da interpretação do disposto no art.º 240.º, do C.S.C., a restrição apontada deve ser conseguida através da intervenção da figura do abuso do direito (art.º 334.º, do C.C., aplicável ex vi do art.º 2.º, do C.S.C.).

1.5. *Direito de exoneração por oposição à deliberação de prorrogação da duração da sociedade* (Art.º 240.º, n.º 1, a), do C.S.C.)

O prazo de duração de uma sociedade, quando foi estabelecido, é também um dos elementos do pacto constitutivo que o legislador considerou essencial, para conferir o direito de exoneração aos sócios que não concordassem com a sua alteração.

Antes de prosseguirmos na análise desta causa legal de exoneração, convém referir que nos estamos a reportar à possibilidade de deliberação de prorrogação da duração da sociedade antes do tempo

---

[99] Neste sentido, GIOVANNI GRIPPO, em *Il recesso del socio,* em *Trattato delle società per azioni,* vol. 6*, de G.E. Colombo e G.B. Portale, pág. 156-157, GIOVANNI TANTINI, em *Le modificazioni dell' atto costitutivo nela sozieta per azioni,* pág. 172, e LUIGI LANZIO, em *Il recesso del socio di s.r.l.,* em "Le Società", n.º 2, 2004, pág. 152.

Em sentido contrário, RAÚL VENTURA, em *Sociedade por quotas,* vol. II, pág. 22.

A exigência da importância da modificação ficou expressamente prevista no art.º 372.º, a), com remissão para o art.º 271.º, do C. Comercial de Macau (*"...modificação essencial do objecto, ou...mudança total de actividade..."*).

de vida desta expirar[100], uma vez que a lei também permite essa prorrogação após ter terminado esse tempo (art.º 161.º, do C.S.C.), situação que iremos abordar mais à frente.

As sociedades podem ser constituídas com prazo de vida, tendo uma duração indeterminada, se não for clausulado qualquer prazo (art.º 15.º, do C.S.C.).

Atenta a liberdade contratual que rege nesta matéria, o tempo de vida da sociedade pode ser fixado a termo certo ou incerto[101].

O termo certo, ou prazo, pode ser estabelecido por indicação da data terminal, ou por indicação precisa do tempo de duração da sociedade. O termo incerto (*dies certus an incertus*) é estabelecido com referência a um facto de verificação certa, sendo desconhecido o momento dessa verificação (v.g. a morte de um sócio).

Nada impede também que se estabeleça uma condição resolutiva[102], quer seja de momento certo (v.g. quando qualquer dos sócios completar 70 anos), em que o facto condicionante é de verificação incerta, sendo certo o momento da sua verificação, caso ocorra (*incertus an, certus quando*), quer de momento incerto (v.g. quando algum dos sócios se casar), em que tanto a verificação do facto condicionante, como o seu momento, são incertos (*dies incertus an incertus quando*).

Atento, porém, esse mesmo princípio da liberdade contratual, na sua vertente da liberdade de modificação do conteúdo negocial que, no contrato de sociedade, assume a especialidade do mesmo não se reflectir necessariamente no acordo de todas as partes outorgantes,

---

[100] Esta causa de exoneração, que constava de todos os Anteprojectos do C.S.C., não foi considerada no C.C. Italiano e no C. Comercial de Macau. A mesma integra, porém, as causas legais de exoneração constantes da Ley 2/1995 espanhola (art.º 95, d)).
Mas o art.º 2473, do C.C. Italiano, após a revisão operada pelo Decreto n.º 6/2003, atribuiu o direito de exoneração aos sócios das sociedades constituídas por tempo indeterminado, a qualquer momento, desde que esse direito seja exercido com um pré-aviso de 6 meses, podendo o pacto social aumentar este prazo para um ano.
[101] RAÚL VENTURA, em *Dissolução e liquidação de sociedades,* pág. 58.
[102] ALBINO DE MATOS, em *Constituição de Sociedade,* pág. 93, nota 173.

bastando a sua maioria qualificada (art.º 85.º e 265.º, do C.S.C.), é possível aos sócios alterarem a duração da sociedade inicialmente prevista. Como nas restantes alterações do contrato de sociedade, é necessária uma maioria de ¾ dos votos dos sócios, podendo o pacto social exigir um maior número de votos, ou mesmo a sua unanimidade (art.º 265.º, do C.S.C.). Essa maioria de sócios pode encurtar o tempo de duração da sociedade ou prolongá-lo.

O encurtamento do tempo de vida da sociedade não suscita especiais preocupações, nem justifica a concessão de qualquer direito de exoneração aos sócios discordantes, uma vez que a maioria qualificada de ¾ dos votos dos sócios, salvo disposição contratual exigindo um número maior de votos favoráveis ou a unanimidade, pode sempre promover a dissolução da sociedade (art.º 141.º, n.º 1, b) e 270.º, do C.S.C.). Equivalente ao encurtamento será a introdução inovatória de um tempo de duração para a sociedade, seja ele fixado através de um termo certo, ou incerto, ou através de cláusula resolutiva, uma vez que, até esse momento, essa duração era indeterminada (art.º 15.º, do C.S.C.).

Mas o prolongamento do tempo de vida estatutariamente programado, tal como a ampliação do objecto da sociedade, aumenta as condições de risco livremente assumidas pelos sócios, assim como prolonga a privação do investimento patrimonial destes, pelo que se justifica que o sócio que discorde desse prolongamento se possa afastar da sociedade.

Assim como sucedia nas anteriores situações de alteração do contrato social, apenas o sócio que votou contra a proposta de prorrogação da duração da sociedade tem o direito a exonerar-se desta, não o podendo fazer o sócio que se absteve na votação, ou que nela não participou (art.º 240.º, n.º 1, do C.S.C.). Como é óbvio, esta situação também só poderá ocorrer quando o pacto social não exija a unanimidade dos votos para se alterar o contrato social nesta matéria.

Este prolongamento é apenas o que resulta de deliberação dos sócios no sentido de alterar a previsão contratual e não a simples continuação das actividades para além do prazo estatutariamente fixado, uma vez que o decurso desse prazo determina a dissolução automática e imediata da sociedade, nunca podendo esta prolongar a sua existência por um acto tácito de manutenção da sua actividade (art.º 141.º, n.º 2, do C.S.C.).

A prorrogação da duração da sociedade ocorrerá em todas as situações em que se prolongue o tempo de vida desta, anteriormente fixado. Diz-se anteriormente e não inicialmente, porque também a prorrogação do prazo, já anteriormente prorrogado, o qual já não é o inicial, também confere direito de exoneração ao sócio discordante desta última prorrogação. O prolongamento pode resultar quer do adiamento do termo certo anteriormente fixado, seja por fixação de nova data terminal posterior, ou por aumento do tempo previsto de duração da sociedade, quer da alteração do termo certo para um termo incerto, ou vice-versa, quando essa alteração, num juízo de normalidade relativamente ao termo incerto, possa determinar o prolongamento da duração da sociedade anteriormente fixada. Também a substituição de um termo de duração, mesmo que incerto, por uma condição resolutiva, seja ela de momento certo ou incerto, e vice--versa, envolverá sempre uma possibilidade de prolongamento da vida da sociedade, face à duração anteriormente fixada, uma vez que se desconhece se o facto resolutivo alguma vez irá ocorrer. Só assim não será, se o facto condicionante de momento certo, a verificar-se, ocorra sempre em momento posterior ao termo certo fixado pela alteração contratual, situação em que existe um encurtamento do tempo de duração da sociedade, não se justificando, pois, a concessão de qualquer direito de exoneração.

Igualmente a eliminação pura e simples de qualquer termo ou condição resolutiva, determinará um prolongamento do tempo de vida estabelecido para a sociedade, uma vez que esta passará a ter uma duração indeterminada.

Em todas estas situações de prolongamento da duração estatutariamente prevista para a sociedade, através da alteração dos termos contratuais, o sócio discordante dessa alteração terá direito a exonerar-se.

Note-se, contudo, que, do mesmo modo que se exigiu que a modificação do objecto social fosse relevante, também o prolongamento da duração da sociedade o terá que ser, não sendo suficiente, para justificar o direito de exoneração, um prolongamento insignificante.

1.6. Direito de exoneração por oposição à deliberação de regresso à actividade da sociedade dissolvida (Art.º 240.º, n.º 1, a), do C.S.C.)

Conforme acima referimos, a lei permite que uma sociedade já dissolvida regresse à actividade (art.º 161.º, do C.S.C.). Nesta situação, verificou-se a dissolução da sociedade, nos termos dos art.º 141.º e 142.º, do C.S.C., tendo-se iniciado a fase de liquidação. A dado momento, e com efeitos *ex nunc*, os sócios terminam com as operações de liquidação e decidem retomar a actividade da sociedade, ressuscitando-a e fazendo cessar as situações determinantes da dissolução.

Para o regresso da sociedade à sua actividade, é necessária uma deliberação dos sócios, com uma maioria igual à que é exigida para a deliberação de dissolução (art.º 161.º, n.º 2, do C.S.C.), ou seja, nas sociedades por quotas, de ¾ dos votos dos sócios, salvo disposição contratual exigindo um número maior de votos favoráveis ou a unanimidade (art.º 270.º, do C.S.C.). Esta deliberação, apesar de poder ser tomada sem estarem iniciadas as operações de partilha, não o pode ser sem estarem reunidas as condições previstas no n.º 3, do art.º 161.º, do C.S.C. (liquidação do passivo, cessação das causas de dissolução e cobertura do capital social, pelo saldo da liquidação). Também não pode ser tomada tal deliberação após a conclusão do processo de liquidação, com a efectivação das partilhas, isto é, tendo sido já repartido pelos sócios o activo que sobrou após o pagamento do passivo.

Esta inversão no percurso da vida da sociedade que se encaminhava para a sua extinção, com o regresso à sua actividade, justifica que se conceda aos sócios que discordaram dessa alteração de percurso o direito de se afastarem da sociedade[103]. É uma forma de

---

[103] O mesmo também ocorre na *Ley* 2/1995 espanhola (art.º 95, d) que prevê a possibilidade da sociedade dissolvida renascer (art.º 106) e no C.C. Italiano, após a revisão de 2003 (art.º 2473).

conciliar a perda do direito dos sócios à liquidação da sociedade, com o direito da maioria optar pelo regresso à actividade, sem impor aos minoritários a participação na sociedade ressuscitada.

Tal como sucedia nas anteriores situações de alteração do contrato social, apenas o sócio que votou contra a proposta de regresso da sociedade à sua actividade tem o direito a exonerar-se desta, não o podendo fazer o sócio que se absteve na votação, ou que nela não participou (art.º 240.º, n.º1, do C.S.C.). Esta situação também só poderá ocorrer quando o pacto social não exija a unanimidade dos votos para se deliberar validamente o regresso da sociedade à sua actividade.

1.7. *Direito de exoneração, em caso de regresso à actividade da sociedade dissolvida, após início da partilha, quando resulte consideravelmente reduzida a participação de algum sócio no capital da sociedade* (art.º 161.º, n.º 5, do C.S.C.)

O n.º 5 do art.º 161.º, do C.S.C., incluído nas disposições gerais aplicáveis a todos os tipos de sociedade, em matéria de deliberação de regresso à actividade das sociedades dissolvidas, dispõe:

"*Se a deliberação for tomada depois de iniciada a partilha pode exonerar-se da sociedade o sócio cuja participação fique relevantemente reduzida em relação à que, no conjunto, anteriormente detinha, recebendo a parte que pela partilha lhe ©caberia*".

Segundo este normativo, têm direito a exonerar-se, nos casos em que se delibere validamente o regresso da sociedade à sua actividade, após o início da fase da partilha, os sócios cuja participação fique relevantemente reduzida em relação à que no conjunto anteriormente detinham, como, por exemplo, sucede se, à data da deliberação de retoma da actividade existirem sócios que, devido à execução de actos de partilha, já tenham recebido uma proporção maior que os outros sócios no processo de liquidação da sociedade.

Apesar da lei nada dizer, pressupõe-se que não é conferido este direito aos sócios que votaram favoravelmente a proposta de regresso à actividade[104], sob pena de estarmos perante uma situação de *venire contra factum proprio,* tendo apenas legitimidade para se exonerarem os sócios que não participaram na votação, se abstiveram, ou votaram contra.

Como se deve proceder à articulação desta norma, com o disposto no art.º 240.º, n.º 1, a), do C.S.C., atrás analisado, que atribui o direito de exoneração apenas aos sócios que votaram contra a deliberação de regresso da sociedade à sua actividade, após a sua dissolução, independentemente de se terem iniciado já as operações de partilha e da posição relativa dos sócios na sociedade ressuscitada?

Atenta a diversidade de pressupostos, está afastada a leitura, sob pena de contrariarmos a regra interpretativa da presunção da arte de bem legislar (art.º 9.º, n.º 3, do C.C.), de que a menção a esta causa de exoneração é uma mera repetição inútil da norma do n.º 5, do art.º 161.º, do C.S.C., na qual se encontra a definição dos contornos e conteúdo desse direito de exoneração[105].

Para resolver esta questão temos que ter presente que a disposição do n.º 5, do art.º 161.º, do C.S.C., inclui-se nas disposições gerais aplicáveis a todo o tipo de sociedades, enquanto o art.º 240.º, n.º 1, do C.S.C., está contido nas disposições especificamente aplicáveis às sociedades por quotas.

Se no sistema adoptado pelo C.S.C., as normas especificamente previstas para um tipo de sociedade prevalecem sobre as disposições comuns a todas as sociedades, há que realçar que esta regra da especialidade apenas tem aplicação relativamente à previsão das mesmas situações na parte geral e na parte especial. Sendo distintas as situações previstas, ambas são aplicáveis.

Ora, as previsões em equação são bem diferentes. Enquanto no art.º 240.º, n.º 1, a), do C.S.C., está prevista a atribuição de um direito de exoneração a quem se opôs à decisão maioritária de

---

[104] RAÚL VENTURA, em *Sociedades por quotas,* vol. II, pág. 21, que apenas refere como titulares deste direito os sócios que estiveram ausentes da votação e os que se abstiveram, além dos que votaram contra.

[105] BRITO CORREIA, em *Direito comercial,* 2.º vol., pág. 457, nota 36, opina que estamos perante uma mera repetição de situações.

regresso da sociedade dissolvida à sua actividade, não relevando a posição relativa dos sócios na sociedade ressuscitada, no art.º 161.º, n.º 5, do mesmo diploma, atribui-se um direito de exoneração ao sócio que, devido a já terem sido efectuadas operações de partilha dos bens remanescentes, vai ter uma posição relativa no interior da sociedade reanimada, inferior àquela que anteriormente detinha.

São direitos de exoneração com fundamentos diferentes, com um âmbito de aplicação diverso, embora parcialmente coincidente, e visando corresponder à satisfação de interesses diferentes.

Sendo distintas estas previsões de atribuição legal de um direito de exoneração, ambas são aplicáveis aos sócios das sociedades por quotas [106].

1.8. Direito de exoneração por oposição à deliberação de transferência da sede principal e efectiva dos órgãos de administração da sociedade para o estrangeiro (Art.º 240.º, n.º 1, a) e 3.º, n.º 6, do C.S.C.)

A transferência da sede principal e efectiva dos órgãos de administração da sociedade para local situado em país estrangeiro é outra das deliberações tomadas por maioria, em que o legislador entendeu conceder aos sócios discordantes o direito de se exonerarem da sociedade [107].

---

[106] Neste sentido, RAÚL VENTURA, em *Sociedades por quotas,* vol. II, pág. 21, e COUTINHO DE ABREU, em *Curso de direito comercial,* vol. II, pág. 421-422.

MARIA AUGUSTA FRANÇA, em *Direito à exoneração,* em *Novas perspectivas do direito comercial,* pág. 214-215, adoptando posição contrária defende que o disposto especialmente no art.º 240.º, n.º 1, a), do C.S.C., relativamente às sociedades por quotas, afasta *in totum* toda a regulamentação geral do direito de exoneração contida no art.º 161.º, n.º 5, do C.S.C..

[107] Esta causa de exoneração, pelas consequências indirectas que provoca na vida da sociedade estava presente em todos os Anteprojectos do C.S.C., constando também do C.C. Italiano, quer na sua versãp original (art.º 2437), quer após a revisão operada no direito societário pelo Decreto n.º 6/2003 (art.º 2473), da Ley 2/1995 espanhola (art.º 95, b)) e do C. Comercial de Macau (art.º 372.º, n.º 1, c)).

GIOVANNI GRIPPO, em *Il recesso del socio,* em *Trattato delle società per azioni,* vol. 6*, de G.E. Colombo e G.B. Portale, pág. 171-172, e GIOVANNI TANTINI, em

Apesar do art.º 240.º. n.º 1, a), do C.S.C., se referir apenas à deliberação de transferência da sede para o estrangeiro, deve restringir-se esta previsão legal às situações previstas no n.º 6, do art.º 3.º, do C.S.C. – deliberação de transferência da sede principal e efectiva dos órgãos de administração da sociedade para o estrangeiro – uma vez que só esta implica uma alteração na vida societária interna que justifica a atribuição de um direito de exoneração aos sócios discordantes.

Os art.º 9.º, e), e 12.º, n.º 1, do C.S.C., impõem que, no contrato de sociedade, figure a sede desta em local concretamente definido, constituindo esse local o seu domicílio legal. Esta é a sede estatutária das sociedades, com relevância jurídica para múltiplos efeitos, como sejam a da definição da competência territorial de vários órgãos de Estado para a prática de determinados actos (v.g. registos, acções em tribunal, impostos, etc..), ou como critério subsidiário para o cumprimento de obrigações (art.º 772.º e 774.º, do C.C.).

Mas o nosso sistema jurídico não impôs a coincidência da sede estatutária com a sede efectiva dos órgãos de administração central da sociedade, admitindo que os órgãos representativos da sociedade possam funcionar em local diverso daquele que figura nos estatutos como sede [108]. E conferiu relevância jurídica a essa domiciliação efectiva, ao adoptar como elemento de conexão da lei pessoal das sociedades a do país onde se situa essa sede de facto (art.º 3.º, n.º 1, 1.ª parte, do C.S.C.) [109].

Le modificazioni dell' atto costitutivo nela sozieta per azioni, pág. 221-222, criticam a subsistência desta causa de exoneração no direito italiano, perante os fenómenos da construção duma Europa em que exista uma livre circulação das empresas e das tentativas de harmonização do direito societário nesse espaço que se pretende comum.

[108] PINTO FURTADO, em *Curso de direito das sociedades,* pág. 296-298, nega a oponibilidade entre sede estatutária e sede de facto, defendendo que, apesar do lugar de exercício da administração definir a lei pessoal, esse lugar não se inclui no conceito jurídico de sede.

[109] Igual relevância é conferida pelo C.P.C. ao definir como locais de citação das pessoas colectivas a sua sede (estatutária) ou o local onde funciona normalmente a administração (sede de facto) (art.º 237.º e 238.º, do C.P.C.).

A sede efectiva da sociedade é o local onde funcionam os seus órgãos de administração central, sendo a lei do país onde eles se localizam quem regula a vida interna da sociedade. O direito do país da sede efectiva e principal da sociedade, além do mais, é que decide sobre a sua existência, os limites da sua capacidade, o seu funcionamento, as competências dos seus órgãos, os modos de aquisição e perda da qualidade de sócio, os direitos e deveres dos sócios, a possibilidade de transformação, a sua extinção, etc.... É este o critério da nossa norma de conflitos para determinar a lei pessoal das sociedades comerciais, tal como das restantes pessoas colectivas (art.º 33.º, n.º 1, do C.C.).

Nada impede que uma sociedade com sede efectiva em Portugal e, portanto, sujeita às regras da nossa legislação, a transfira para o estrangeiro, mudando para aí o local de funcionamento dos seus órgãos de administração central, mantendo a sua personalidade jurídica, mas sujeitando-se às disposições da legislação desse país, se a lei deste aceitar tal solução, deixando de lhe serem aplicáveis as regras do nosso direito societário [110].

A deliberação sobre esta transferência da sede de facto para o estrangeiro deve obedecer aos requisitos estabelecidos para as alterações ao contrato de sociedade, isto é, deve ser uma deliberação dos sócios, tomada com uma maioria de ¾ dos votos correspondentes ao capital social, salvo se o pacto social exigir um maioria mais qualificada ou a unanimidade dos votos, e consignada em escritura pública ou acta lavrada por notário (art.º 3.º, n.º 6, 1.ª parte, 85.º e 265.º, do C.S.C.).

Foi aos sócios discordantes desta deliberação que o legislador concedeu um direito a exonerarem-se da sociedade, atenta a alteração do conjunto de normas que passa a reger a vida interna desta. Note-se, contudo, que nem toda a transferência da sede da gerência da sociedade para o estrangeiro confere aos sócios o direito a exone-

---

[110] Note-se que, quanto às relações com terceiros, a sociedade que mantenha em Portugal a sua sede estatutária não pode opor-lhes a sujeição a lei diferente da portuguesa, mesmo que tenha transferido a sua sede efectiva para o estrangeiro (art.º 3.º, n.º 1, 2.ª parte, do C.S.C.).

rarem-se, mas apenas aquela que tenha como consequência a alteração do sistema jurídico regulador da vida da sociedade. É necessário que as regras do direito internacional privado desse país aceitem a continuação da sociedade sob a sua legislação [111].

Apesar do art.º 3.º, n.º 6, do C.S.C, aplicável a todo o tipo de sociedades, atribuir o direito de exoneração no caso de deliberação da transferência da sede efectiva para o estrangeiro, a todos os sócios que não votaram favoravelmente esta proposta, o que também inclui os sócios que se abstiveram e os que não participaram na votação, atento o raciocínio exposto no número anterior, deve aplicar-se, por ser uma regra específica das sociedades por quotas, o disposto no art.º 240.º, n.º 1, a), do C.S.C., pelo que apenas têm direito a exonerarem-se os sócios que votaram contra essa deliberação [112]. Assim o exige a forte ligação dos sócios à vida societária neste tipo de sociedades e a importância que nelas reveste o afastamento de um dos seus membros, que não se compatibilizam com a valorização de uma atitude de indiferença ou desinteresse perante tal deliberação.

1.9. Direito de exoneração por oposição à deliberação de transformação da sociedade por quotas noutro tipo de sociedade (Art.º 137.º, do C.S.C.)

Uma situação legalmente prevista para todas as sociedades comerciais, como motivo de exoneração dos sócios discordantes, é a mudança do tipo social adoptado (art.º 137.º, n.º 1 do C.S.C.).

As sociedades constituídas, segundo um dos tipos enumerados no n.º 2, do art.º 1.º, do C.S.C. (sociedade em nome colectivo, por

---

[111] Esta condição encontra-se expressa na tipificação da *Ley* 2/1995 espanhola (art.º 95, b)).

[112] RAÚL VENTURA, em *Sociedades por quotas,* vol. II, pág. 20-21, e RICARDO SANTOS COSTA, em *A sociedade por quotas unipessoal no direito português,* pág. 272, nota 259.

Em sentido contrário, COUTINHO DE ABREU, em *Curso de direito comercial,* vol. II, pág. 421-422, defende que no art.º 240.º, n.º 1, a), do C.S.C., se consagra uma causa de exoneração diferente da prevista no art.º 3.º, n.º 6, do C.S.C. – a transferência da sede estatutária e não da sede efectiva da administração.

quotas, anónima, e comandita por acções) podem adoptar, durante a sua existência, um outro destes tipos, salvo proibição legal ou estatutária (art.º 130.º, n.º 1, do C.S.C.), pelo que uma sociedade por quotas pode transformar-se numa sociedade em nome colectivo, anónima ou em comandita, desde que os seus estatutos não impeçam essa transformação ou a lei não a admita [113].

O n.º 3, do art.º 270.º-A, do C.S.C., também apelida de "transformação" a passagem duma sociedade por quotas plural a sociedade unipessoal por quotas, mas esta alteração nunca poderá ser causa de um direito de exoneração uma vez que ela resulta da manifestação de vontade do único sócio sobrevivente da sociedade plural.

Apesar de ser motivo de alguma discussão justificada [114], entendemos que, por falta de previsão legal, não é actualmente possível a transformação de qualquer sociedade comercial em cooperativa.

Esta transformação, em regra, não provoca a dissolução da sociedade e a constituição de uma nova que sucede nas relações jurídicas da anterior, a não ser que os sócios deliberem nesse sentido (art.º 130.º, n.º 3, do C.S.C.), ocorrendo a sucessão de uma forma global e automática (art.º 130.º, n.º 5, do C.S.C.).

A deliberação de transformação da sociedade por quotas exige uma maioria qualificada de ¾ dos votos correspondentes ao capital social, podendo os estatutos exigir um número mais elevado de votos e *inclusive* a unanimidade deles (art.º 133.º, n.º 1 e 265.º, n.º 1, do C.S.C.).

---

[113] A lei, por vezes, impõe que determinadas sociedades, pelo seu objecto, só possam existir segundo um determinado tipo, pelo que essas sociedades estão impedidas de se transformarem noutro tipo societário, como sucede, a título de exemplo, com as sociedades de gestão de participações sociais (art.º 2.º, n.º 1, do D.L. 498/88, de 30-12) que só podem ser anónimas ou por quotas, e com as sociedades administradoras de compras em grupo (art.º 6.º, n.º 1, do D.L. 237/91, de 2-7), as sociedades de factoring (art.º 9.º, do D.L. 171/95, de 18-7), as sociedades bancárias e financeiras (art.º 14.º, b), do D.L. 301/92, de 31-12), as sociedades de investimento (art.º 2.º, do D.L. 245/94, de 22-10) e as sociedades de locação financeira (art.º 1.º, do D.L. 89/95, de 15-4), que só podem ser anónimas.

[114] Sobre os argumentos desta discussão, RAÚL VENTURA, em *Fusão, cisão, transformação de sociedades,* pág. 430-437.

Se essa transformação importar para todos ou para alguns sócios uma assunção de responsabilidade ilimitada, que até aí não existia, a validade dessa deliberação está dependente do voto favorável desses sócios (art.º 133.º, n.º 2, do C.S.C.). Também, se a transformação importar a perda de direitos especiais de sócios, estes, independentemente da posição que tomaram na deliberação de transformação, podem-se opor-se posteriormente à transformação deliberada, caso se verifique que não é possível a manutenção desses direitos no novo tipo societário, o que impede a concretização desta operação (art.º 131.º, n.º 1, c) e n.º 2, do C.S.C.). O legislador entendeu nestas situações, atenta a sua gravidade, que não era suficiente a concessão de um direito de exoneração aos sócios atingidos pela responsabilização ou pela extinção de direitos especiais, não sendo razoável impor a estes a opção entre esses "prejuízos" na sua posição societária ou o abandono da sociedade [115].

Contudo, conferiu esse direito de exoneração aos sócios que, apesar de não terem visto afectado o seu grau de responsabilização pessoal ou os seus direitos especiais, pela transformação deliberada, não tenham aprovado essa deliberação.

Entendeu-se que, por maioria de razão, relativamente às anteriores situações justificativas da concessão de um direito de exoneração por alteração superveniente da relação societária assumida, também aqui, em que se verifica uma transfiguração total dessa relação, a qual passa a subsumir-se a um tipo diferente do inicialmente adoptado, se justificava a possibilidade dos sócios não apoiantes se afastarem da sociedade, não a acompanhando na diferente veste organizativa.

E, por força da radicalidade [116] da alteração resultante da deliberação de transformação, conferiu-se esse direito não só aos sócios

---

[115] RAÚL VENTURA, em *Fusão, cisão, transformação de sociedades*, pág. 498.

[116] Sobre a dimensão desta alteração como causa justificativa do direito de exoneração, *vide* RAÚL VENTURA, em *Transformação de sociedades – anteprojecto e notas justificativas*, B.M.J. n.º 220, pág. 50-51, e GIOVANNI GRIPPO, em *Il recesso del socio*, texto incluído no *Trattato delle società per azioni*, vol. 6*, de G.E. Colombo e G.B. Portale, pág. 168-169.

que expressamente discordaram dessa decisão, votando contra, mas também aos sócios que nela não participaram ou que, participando, se abstiveram, o que relativamente às sociedades por quotas assume cariz de excepção [117]. Por um lado, a revolução operada é de tal modo significativa que o legislador entendeu valorizar também simples comportamentos de indiferença ou desinteresse, mesmo em sociedades caracterizadas por forte ligação dos sócios à vida societária. Por outro lado, terminando com a operação de transformação o modelo da sociedade por quotas, o impacto que assume a saída de um sócio neste tipo de sociedades,deixa de ser factor restritivo a ponderar na definição do âmbito do direito de exoneração.

A deliberação de transformação, em sentido amplo, corresponde, na verdade, a três deliberações exigidas por lei (art.º 134.º, do C.S.C.):

– uma deliberação que aprove o balanço elaborado para este efeito ou o relatório das alterações ocorridas na situação patrimonial da sociedade, após aprovação do último balanço, caso a administração da sociedade apresente o último balanço aprovado;
– uma deliberação que aprove a operação de transformação do tipo societário;
– e uma deliberação que aprove os termos dos estatutos da sociedade transformada.

Estas deliberações sectoriais devem ser tomadas pela ordem acima apresentada e os requisitos de validade da deliberação de transformação, em sentido amplo, devem verificar-se em relação a cada uma delas, nomeadamente o da maioria qualificada de votos favoráveis.

---

[117] O C.C. Italiano (art.º 2473) e a Ley 2/1995 espanhola não distinguem neste pormenor, relativamente às outras deliberações que integram causas de exoneração, tendo o C. Comercial de Macau seguido a distinção efectuada pela legislação portuguesa.
Sobre o tipo posição adoptada pelos sócios nos actos de deliberação que lhes conferem um direito de exoneração nos direitos italiano e espanhol *vide, infra,* nota 142.

E, relativamente ao direito de exoneração, que tem como requisito que o respectivo sócio titular não tenha aprovado a deliberação de transformação, será que essa não aprovação se referirá apenas à deliberação de transformação propriamente dita, ou a todas as três deliberações acima enumeradas ?

No nosso entendimento, basta que não se tenha votado favoravelmente a segunda das deliberações, uma vez que a aprovação da primeira deliberação sobre o balanço ou o relatório referente às alterações da situação patrimonial da sociedade é perfeitamente neutra, não comprometendo minimamente o sócio com o projecto de transformação da sociedade; e a participação na terceira deliberação sobre os futuros estatutos da sociedade do sócio que não aprovou a deliberação de transformação, se, numa primeira impressão, parece incongruente [118], a sua votação favorável não pode ser considerada de modo algum uma ratificação da segunda deliberação, com rectificação da posição anteriormente assumida. Não é legítimo presumir-se esta intenção de ratificação, uma vez que a sua posição favorável relativamente aos estatutos da sociedade transformada apenas revela que concorda com o novo texto contratual, para a hipótese de permanecer na sociedade transformada, não exercendo o direito de exoneração de que é titular, o que é perfeitamente compatível com a não aprovação da deliberação de transformação.

E se dissemos que bastava a não aprovação da segunda deliberação para que o sócio discordante tenha o direito de se exonerar da sociedade, também dizemos que é necessária a não aprovação dessa deliberação para que se constitua esse direito, pelo que essa posição de não aprovação da segunda deliberação é condição simultaneamente necessária e suficiente para a atribuição do direito de exoneração.

---

[118] Esta impressão de incongruência é desfeita quando ponderamos que o sócio que não votou favoravelmente a segunda deliberação tem um prazo dilatado (30 dias após a publicação da deliberação) para ponderar a sua decisão de se afastar da sociedade em transformação, pelo que se justifica a sua participação na terceira deliberação, para a hipótese de optar pela permanência na sociedade.

Pela mesma razão que apontámos a inocuidade da votação favorável da primeira deliberação – a sua neutralidade relativamente ao projecto de transformação –, a sua não aprovação também não é suficiente para conferir um direito de exoneração, uma vez que a posterior votação favorável da operação de transformação afasta qualquer necessidade de protecção da posição dos sócios concordantes com essa modificação da sociedade.

Também a não aprovação da terceira deliberação relativa aos estatutos da sociedade transformada, antecedido de um voto favorável da segunda deliberação, não tem a virtualidade de apagar o sentido deste voto. Apesar do sócio discordar dos novos estatutos, concordou com a mudança do tipo de sociedade, pelo que não pode essa mudança justificar o direito a romper a relação societária. Mesmo que os novos estatutos contenham uma das alterações do anterior pacto social, previstas no art.º 240.º, n.º 1, a), do C.S.C. – aumento do capital social a subscrever total ou parcialmente por terceiros, mudança do objecto social ou prorrogação da duração da sociedade –, não pode o sócio que apenas votou contra os novos estatutos obter a sua exoneração, com base naquele dispositivo, se a sociedade transformada deixou de ser uma sociedade por quotas, uma vez que esta norma apenas é aplicável a esse tipo de sociedades [119].

Note-se que o exercício do direito de exoneração com este fundamento tem um regime específico (art.º 137.º, n.º 1 a 4, do C.S.C.), relativamente ao regime geral do direito de exoneração dos sócios nas sociedades por quotas (art.º 240.º, n.º 2 a 6, do C.S.C.).

---

[119] Parece, contudo, que poderá exonerar-se, se a alteração verificada for considerada pelas normas aplicáveis ao novo tipo societário, causa de exoneração dos sócios discordantes.

Já, na hipótese inversa, se a sociedade objecto de transformação passou a ser uma sociedade por quotas, é-lhe aplicável o disposto no art.º 240.º, do C.S.C., pelo que o sócio discordante da última votação, apesar de não ter votado contra a solução da transformação, pode exonerar-se da sociedade, caso se verifique, com os novos estatutos, um aumento do capital social a subscrever total ou parcialmente por terceiros, uma mudança do objecto social ou uma prorrogação da duração da sociedade.

1.10. Direito de exoneração com fundamento em interpelação para pagamento de entrada relativa a nova quota, resultante de aumento de capital (Art.º 207.º, do C.S.C.)

Como já vimos acima[120], uma das modalidades possíveis do aumento de capital da sociedade pode ser a efectuada através de novas entradas, dando origem a novas quotas, a subscrever por novos sócios, o que se traduz num aumento do património da sociedade.

Ora, se um destes novos sócios não realizar totalmente a entrada correspondente à sua quota no momento devido, a sociedade pode deliberar excluí-lo, com perda total da quota e de pagamentos já efectuados, ou limitar-se a declarar a perda parcial daquela equivalente à parte não paga (art.º 204.º, do C.S.C.). Neste caso, serão responsáveis por essa dívida para com a sociedade[121] não só o novo sócio inadimplente[122], mas também, solidariamente com este, os restantes sócios, antigos ou novos (art.º 207.º, n.º 1 e 2, do C.S.C.). Se a sociedade tiver entretanto vendido a quota ou a parte declarada perdida, nos termos do art.º 205.º, do C.S.C., a dívida manter-se-à apenas na parte em que o produto da venda não cubra o valor da entrada em falta, sendo certo que o comprador da quota não se inclui entre os responsáveis pelo pagamento dessa entrada não cumprida.

Caso a sociedade não delibere excluir o sócio em falta, nem declarar a perda parcial da sua quota, e não consiga, por via da execução, obter o pagamento da entrada não realizada, os outros sócios também se tornarão solidariamente responsáveis por esse pagamento (art.º 207.º, n.º 4, do C.S.C.).

---

[120] Cfr., *supra*, pág. 57.

[121] A co-responsabilização dos outros sócios limita-se ao montante da entrada não satisfeito, estando de fora os eventuais juros de mora ou despesas realizadas para obter a cobrança da dívida.

[122] E, se este tiver entretanto transmitido a quota a terceiro, também este será solidariamente responsável (art.º 206.º, do C.S.C.), tendo aliás sido ele o sócio excluído.

Esta responsabilidade de cada um dos sócios pela satisfação das entradas acordadas dos outros sócios é a principal característica individualizadora do tipo de sociedade por quotas, conforme resulta do n.º 1, do art.º 197.º, do C.S.C..

Mas se esta co-responsabilização visa conferir uma garantia de cumprimento da integração do capital social aos credores da sociedade, o legislador não deixou também de atender aos interesses dos antigos sócios de não ver agravada a sua posição perante a verificação de aumentos de capital, com entradas de novos sócios, que não eram inicialmente previsíveis[123].

E, nesse sentido, numa protecção excessiva, concedeu-lhes o direito de *"porem à disposição da sociedade a sua quota"*, após terem sido interpelados por esta para efectuarem o pagamento em falta, desde que aquela esteja já liberada (art.º 207.º, n.º 2, do C.S.C.)[124].

Em primeiro lugar, deve entender-se que esta expressão "pôr à disposição da sociedade a quota" que teve como fonte o Anteprojecto de Coimbra (art.º 78.º), e que também era utilizada nesse texto preparatório, relativamente à obrigação de prestações suplementares ilimitadas (art.º 5.º), não é coisa diferente do direito de exoneração aqui em estudo e daí que esta situação tenha sido por nós incluída nos casos legais de constituição deste direito[125]. Na verdade, como já vimos, o direito de exoneração resume-se ao poder do sócio exigir da sociedade a liquidação da sua quota, com a consequente desvinculação desse sócio da relação jurídica societária, que é precisamente o resultado da colocação da quota na disposição da sociedade.

---

[123] FERRER CORREIA, VASCO LOBO XAVIER, MARIA ÂNGELA COELHO e ANTÓNIO CAEIRO, em *Sociedade por quotas de responsabilidade limitada – anteprojecto de lei – 2.ª redacção e exposição de motivos,* na R.D.E., Ano III, 1977, n.º 2, pág. 359 e RAÚL VENTURA, em *Sociedades por quotas,* vol. I, pág. 193.

[124] Não se conhece igual atribuição do direito de exoneração na legislação dos países aqui referenciados (Itália e Espanha), não tendo *inclusive* o C. Comercial de Macau (art.º 362.º) adoptado esta causa de exoneração.

[125] RAÚL VENTURA, em *Sociedades por quotas,* vol. I, pág. 195, e RICARDO SANTOS COSTA, em *A sociedade por quotas unipessoal no direito português,* pág. 272, nota 259.

Assim, deve aplicar-se o regime previsto no art.º 240.º, do C.S.C. a esta situação que o legislador denominou de colocação da quota à disposição da sociedade, considerando-a um fundamento legal de direito de exoneração dos sócios nas sociedades por quotas.

Em segundo lugar, convém notar que o legislador conferiu este direito apenas quando os sócios remissos são novos sócios e não quando os inadimplentes são antigos sócios que adquiriram novas quotas, resultantes de aumento do capital inicial. Ponderou-se que o acréscimo de responsabilidade só era inexigível quando resultasse do incumprimento de alguém que não fazia parte do projecto social inicialmente assumido.

Não se compreende, contudo, porque não se exigiu também aqui que só pudesse exonerar-se o sócio antigo que não votou favoravelmente a deliberação que aprovou o aumento de capital, com entrada de novos sócios, uma vez que aqueles que apoiaram essa decisão assumiram voluntariamente o risco destes novos sócios não cumprirem a sua obrigação de satisfazerem as entradas correspondentes às novas quotas.

1.11. *Direito de exoneração com fundamento em não exclusão de sócio* (Art.º 240.º, n.º 1, b), do C.S.C.)

A sociedade pode deliberar ou promover judicialmente a exclusão de um sócio, nos casos previstos na lei e no contrato (art.º 241.º, do C.S.C.).

Nos casos especificados na lei[126] ou no contrato, a sociedade pode deliberar por maioria simples excluir um sócio, assim como pode deliberar, também por maioria simples, a propositura de acção judicial de exclusão de sócio cujo comportamento integre a cláusula geral consagrada no art.º 242.º, do C.S.C. – *"comportamento desleal ou gravemente perturbador do funcionamento da sociedade"*.

---

[126] Como reacção ao não pagamento das entradas de capital (art.º 204.º) ou de prestações suplementares (art.º 212.º, n.º 3, do C.S.C.), e como reacção à utilização, em prejuízo da sociedade, de informações sobre a gestão desta (art.º 214.º, n.º 6, do C.S.C.).

Verificada qualquer uma destas situações, a sociedade não tem o dever de proceder ou promover essa exclusão, podendo optar, conforme os seus interesses, por manter o sócio prevaricador na sociedade [127].

Nesta hipótese, entendeu o legislador não ser exigível ao sócio que votou contra a deliberação social de não exclusão ou de não promoção da exclusão judicial que permaneça na sociedade com o sócio que pretendia excluir, contra a vontade maioritária, pelo que lhe conferiu o direito de se exonerar [128]. Acolheu-se assim a possibilidade do sócio vencido na votação sobre a exclusão pensar que aquela sociedade, a partir daquele momento, passava a ser demasiado pequena para os dois.

Exigindo-se, para a concessão do direito de exoneração, o voto contrário do sócio titular desse direito, pressupõe-se que tenha existido uma deliberação negativa da sociedade perante uma proposta de exclusão ou de propositura de acção judicial de exclusão.

Caso se verifique negligência ou relutância na convocação de uma Assembleia Geral para deliberação sobre esta matéria, o sócio interessado na exclusão tem ao seu dispor o mecanismo previsto no art.º 375.º, aplicável *ex vi* dos n.º 1 e 2, do art.º 248.º, ambos do C.S.C., para desencadear esse processo de decisão

Pode, porém, ocorrer no processo de exclusão de um sócio uma situação que suscita pertinentes dúvidas sobre a aplicabilidade desta causa de exoneração [129].

À exclusão de sócios aplicam-se as regras previstas para a amortização de quotas (art.º 241.º, n.º 2 e 242.º, n.º 3 e 4, do C.S.C.), tendo o sócio excluído direito a receber uma contrapartida pela perda da sua quota. Mas, se não é possível esse pagamento, atento o disposto no art.º 236.º, do C.S.C., verifica-se uma condição resolutiva

---

[127] RAÚL VENTURA, em *Sociedades por quotas,* II vol., pág. 24.

[128] Não se conhece igual atribuição do direito de exoneração na legislação dos países aqui referenciados (Itália e Espanha), não tendo *inclusive* o C. Comercial de Macau (art.º 362.º) adoptado esta causa de exoneração.

[129] Esta questão é levantada por MARIA AUGUSTA FRANÇA, em *Direito à exoneração,* em *Novas perspectivas do direito comercial,* pág. 216-217.

da exclusão, pelo que esta fica sem efeito, tudo se passando como se o sócio prevaricador não tivesse sido expulso.

Será que, nesta situação, qualquer sócio que votou favoravelmente a exclusão do sócio prevaricador pode exonerar-se, uma vez que vai ter que permanecer na sociedade com ele?

Apesar de algumas das razões que presidiram ao acolhimento da causa de exoneração, consagrada na alínea b), do n.º 1, do art.º 240.º, do C.S.C., se verificarem também nesta situação, o que é certo é que o legislador não a tipificou, tendo apenas especificado o caso do sócio que ficou em minoria na deliberação negativa da proposta de exclusão de um sócio, ou de propositura de acção judicial de exclusão, que é situação bem diversa daquela que agora se colocou em hipótese.

Não sendo possível criar novos tipos legais de exoneração, atenta a sua taxatividade, através do recurso à analogia[130], não se pode admitir essa nova causa de exoneração, a não ser que a mesma tenha sido prevista no contrato[131].

2. Causas contratuais

Além das causas de exoneração impostas por lei, o legislador permitiu que no pacto social se estipulassem outras situações em que fosse concedida aos sócios a possibilidade de quebrarem o seu vínculo à sociedade (art.º 240.º, n.º 1, do C.S.C.).

A esta liberdade de estipulação apenas foi aposto um limite inultrapassável – não é possível permitir a exoneração pela vontade arbitrária do sócio (art.º 240.º, n.º 6, *in fine*, do C.S.C.). As causas de exoneração contratuais devem, pois, integrar situações que fundamentem a vontade do sócio de abandonar a relação societária, não

---

[130] RAÚL VENTURA, em *Sociedades por quotas,* vol. II, pág. 15, considera o direito de exoneração excepcional, o que impede a sua aplicação analógica (art.º 11.º, do C.C.).

[131] Defendendo opinião contrária, MARIA AUGUSTA FRANÇA, em *Direito à exoneração,* em *Novas perspectivas do direito comercial,* pág. 216-217.

bastando a mera existência dessa vontade sem necessidade de explicação. Se o pacto social permitisse a saída de qualquer sócio ao sabor dos seus caprichos, estaria posta em causa a vinculação jurídica inerente à celebração de qualquer contrato. Todas as cláusulas que se reconduzam à consagração de um direito de exoneração de exercício arbitrário devem ser consideradas nulas, por violarem norma imperativa.

Contudo, não é necessário que a situação convencionada, fundamentadora de um direito de exoneração, integre um conceito normativo de justa causa, tendo as partes liberdade para elevarem à categoria de causa relevante qualquer situação que, na sua óptica, justifique o abandono da sociedade por um dos seus membros.

Por outro lado, nada parece impedir o recurso a cláusulas gerais de exoneração (v.g. com fundamento em "justa causa", "motivo grave", ou "razão atendível"), de modo a abranger uma multiplicidade de situações insusceptíveis duma previsão casuística[132]. Se esta técnica de previsão é potenciadora de conflitos pela indeterminação das causas abrangidas, é a única possível quando os sócios pretendem abrir uma porta para a sua retirada no futuro, com fundamento em qualquer motivo que a justifique. A descrição taxativa das causas previsíveis seria interminável e inevitavelmente incompleta. Desde que a cláusula contratual adoptada não permita exonerações arbitrárias, qualquer técnica de previsão é legítima.

O preenchimento destes conceitos gerais, de origem convencional, deve ser efectuado de acordo com os princípios estabelecidos no art.º 239.º, do C.C., relativo à integração dos negócios jurídicos. Em primeiro lugar, deve atender-se à vontade presumível dos declarantes no momento da outorga do contrato, se tivessem previsto a situação

---

[132] Neste sentido, opina COUTINHO DE ABREU, em *Curso de direito comercial*, vol. II, pág. 421, que aponta como exemplos de exonerações com justa causa, extraídos da doutrina e jurisprudência alemã, os casos em que um sócio necessita de dinheiro para sobreviver, contraiu doença prolongada, tem de emigrar, ou que tem sido forçado a frequentes acções de impugnação de actos sociais determinados pela arbitrariedade dos sócios maioritários.
Opinião contrária sustentou RAÚL VENTURA, em *Sociedades por quotas*, vol. II, pág. 18.

invocada como motivo da pretendida exoneração. Se o sentido dessa vontade não contrariar os ditames da boa-fé deve ser seguida. No caso contrário, deve perfilhar-se a solução apontada pelos referidos ditames.

A consagração de causas de exoneração convencionais que se limitem a repetir hipóteses legalmente impostas é perfeitamente ineficaz, sendo nulas todas as estipulações que restrinjam o âmbito de aplicação das causas de exoneração impostas por lei[133].

Devem ser entendidas como causas de exoneração todas as situações previstas no pacto social, em que se consagre o direito do sócio sair da sociedade por sua vontade, nomeadamente quando se lhe confere o direito de exigir a amortização da sua quota (art.º 232.º, n.º 4, do C.S.C.)[134], ou a aquisição desta pela sociedade[135].

É possível apenas conceder o direito de exoneração a alguns dos sócios ou clausular diferentes fundamentos do direito de exoneração para cada um deles, uma vez que a liberdade de fixação do conteúdo negocial permite a atribuição de direitos exclusivos a alguns sócios (art.º 24.º, n.º 1, do C.S.C.).

Por vezes, o legislador previu a hipótese de serem adoptadas determinadas causas de exoneração convencionais, estabelecendo um regime próprio para o seu funcionamento. Isto sucede na parte geral do C.S.C., relativamente ao sócio que votou contra o projecto de fusão ou cisão de sociedades (art.º 105.º e 120.º, do C.S.C.)[136], e na parte destinada apenas às sociedades por quotas, relativamente ao sucessor de sócio falecido (art.º 226.º, n.º 1, do C.S.C.). Nestas situações, só existe direito de exoneração se o pacto social o atribuir, estando o mesmo sujeito às regras imperativas especiais previstas nos indicados artigos.

---

[133] V.g. quando se estipula num pacto social que apenas alguns dos sócios se poderão exonerar em caso de deliberação de mudança do objecto social.

[134] Ver, *supra*, pág. 30-31.

[135] RAÚL VENTURA, em *Sociedades por quotas,* vol. II, pág. 18.

[136] Ver, supra, pág. 40-43.

EXERCÍCIO DO DIREITO DE EXONERAÇÃO

O regime geral do exercício do direito de exoneração dos sócios nas sociedades por quotas encontra-se estabelecido nos n.º 2 a 5, do art.º 240.º, do C.S.C.. Mas, relativamente a algumas das causas legais de exoneração, que não se encontram enumeradas nas alíneas do n.º 1 desse artigo, encontram-se previstas algumas especialidades relativas ao prazo de apresentação da declaração de intenção de exoneração e ao momento da concretização da desvinculação da relação societária. Isso sucede nos casos de transformação da sociedade (art.º 137.º, do C.S.C.) e de interpelação para pagamento de prestação em dívida respeitante a entrada de novo sócio, resultante de aumento de capital (art.º 207.º, n.º 2, do C.S.C.). Também as situações de aprovação de um projecto de fusão ou cisão de sociedades, em que a lei ou o pacto social preveja um direito de exoneração dos sócios discordantes (art.º 105.º, e 120.º, do C.S.C.), e de óbito de um sócio, em que se estipule o direito de exoneração dos seus sucessores (art.º 226.º, n.º 1, do C.S.C.), mereceram uma regulamentação específica [137].

Nestas hipóteses em que a lei estabeleceu regras específicas, são elas as aplicáveis, mantendo-se o regime geral do art.º 240.º, do C.S.C., na parte que não foi objecto de regulamentação especial.

---

[137] A regulamentação específica do direito de exoneração dos sucessores de sócio falecido coincide totalmente com as regras gerais estabelecidas no art.º 240.º, do C.S.C., para as quais, aliás, remete (art.º 226.º, n.º 3, do C.S.C.), pelo que a sua utilidade se resume em impedir que, nestas situações em que o direito de exoneração tem uma fonte convencional, os sócios possam estipular um regime de execução diferente do regime geral consagrado no art.º 240.º, do C.S.C..

Relativamente aos direitos de exoneração legalmente impostos, o regime da sua execução consagrado na lei deve ser considerado um regime imperativo[138], atenta a finalidade do legislador de subtrair aquelas situações à liberdade de negociação e estipulação dos sócios, com excepção da possibilidade de ser acordado método diferente de calcular a contrapartida a receber pelo sócio que se pretende exonerar (art.º 240.º, n.º 4 e 105.º, n.º 2, do C.S.C.), desde que daí não resulte a fixação de um valor inferior ao resultante da aplicação do critério legal (art.º 240.º, n.º 6, do C.S.C.).

Já quanto aos direitos de exoneração de origem convencional, tendo os mesmos sido criados pela mera vontade das partes, podem também os termos do seu exercício serem estabelecidos por elas, com excepção das regras destinadas a proteger os interesses dos credores sociais[139]. Para além destas normas, as regras gerais do exercício do direito de exoneração valerão como regime supletivo, aplicável nas matérias que as sócios não tenham regulado no pacto social. Nos casos em que a lei estabeleceu expressamente um regime de execução individualizado para determinados direitos de exoneração de origem convencional (art.º 105.º e 226.º, do C.S.C.), essas regras específicas devem ser consideradas imperativas, não podendo ser afastadas pela vontade dos sócios.

1. Legitimidade

Atento o conteúdo do direito de exoneração, só os sócios duma determinada sociedade são os seus titulares, pelo que só eles o podem exercer.

Nas sociedades unipessoais, como é óbvio, o único sócio não goza do direito de exoneração. O abandono da sociedade, neste caso, traduz-se na sua extinção, uma vez que não existe mais nin-

---

[138] Em sentido contrário no actual direito italiano, *vide* LUIGI LANZIO, em *Il recesso del socio di s.r.l.*, em "Le società", n.º 2, 2004, pág. 154.

[139] V.g. a proibição do sócio que não tiver a sua quota inteiramente liberada se poder exonerar (n.º 2, do art.º 240.º, do C.S.C.).

guém para prosseguir o objectivo societário, pelo que o interesse do único sócio é obtido através do instituto da dissolução e não do direito de exoneração[140].

Nos casos de contitularidade da quota[141], o direito de exoneração que respeite à totalidade dos contitulares (causa objectiva ou subjectiva que abranja todos os contitulares) deve ser exercido por todos, salvo se a lei, o testamento, ou o tribunal atribuírem esse poder a um representante comum (art.º 223.º, n.º 5 e 6 e 224.º, do C.S.C.). Se o fundamento do direito de exoneração respeitar apenas à pessoa de um ou alguns dos contitulares (causa subjectiva)[142], não podem abandonar a sociedade todos eles, uma vez que nem todos têm fundamento para se exonerarem, podendo apenas fazê-lo os atingidos pela causa exoneratória. Nesta situação, deve considerar-se aplicável, com as necessárias adaptações, a solução estabelecida no art.º 238.º, do C.S.C., para as hipóteses do direito de amortização se verificar apenas relativamente a um dos contitulares[143], procedendo-se à prévia divisão da quota, de modo a possibilitar a saída daquele, mantendo-se os restantes na sociedade.

Quando o fundamento da exoneração é a deliberação de transformação da sociedade, só os sócios que não votaram favoravelmente essa deliberação (os que não participaram na votação, os que se abstiveram e os que votaram contra) têm direito a saírem da sociedade.

Se o fundamento da exoneração é a deliberação de regresso à actividade da sociedade dissolvida, quando resulte consideravelmente reduzida a participação de algum sócio no capital social, ape-

---

[140] RICARDO SANTOS COSTA, em *A sociedade por quotas unipessoal no direito português,* pág. 302.

[141] Nos termos do n.º 2, do art.º 8.º, do C.S.C., quando uma quota for, por força do regime matrimonial de bens, comum aos dois cônjuges, apenas é considerado sócio, nas relações com a sociedade, o cônjuge que celebrou o contrato de sociedade ou o negócio através do qual adquiriu a participação social, pelo que, nessas situações, não existe uma contitularidade da quota.

[142] O que poderá ocorrer no direito de exoneração de origem convencional, se, por exemplo, este for atribuído ao sócio que padeça de doença grave.

[143] Ver, *infra*, pág. 120.

nas os sócios afectados que não tenham votado a favor dessa deliberação, se podem exonerar.

Quando esse direito tem o seu fundamento nos actos de transferência da sede principal e efectiva da administração da sociedade para o estrangeiro, de aumento de capital a subscrever total ou parcialmente por terceiros, de mudança do objecto social, de prorrogação da sociedade, de regresso à actividade da sociedade dissolvida e de não exclusão de outro sócio ou de não promoção da sua exclusão judicial, existindo justa causa para a exclusão, apenas os sócios que votaram vencidos nessas deliberações têm o direito de sair da sociedade [144].

O exercício do direito de exoneração, nestas situações, não é incompatível com a impugnação da validade da deliberação da qual o sócio discordou e que tem como consequência uma alteração na organização societária que ele não está disposto a suportar [145].

---

[144] O art.º 2473, do C.C. Italiano, confere o direito de exoneração aos sócios que não aprovaram determinadas deliberações, podendo esses sócios terem estado ou não presentes na assembleia que tomou uma destas decisões, admitindo-se *inclusive* que aqueles que se abstiveram ou que estavam impedidos de votar possam exonerar-se, por não concordarem com a deliberação tomada. Era esta já a solução do direito italiano antes da reforma operada pelo Decreto n.º 6/2003, que no art.º 2437, aplicável *ex vi* do então art.º 2494, se referia aos sócios discordantes. Abordam este tema FRANCESCO FERRARA jr. e FRANCESCO CORSI, em *Gli imprenditori e le società*, pág. 619, GIOVANNI GRIPO, em *Il recesso del socio*, em *Trattato delle società per azioni*, de G.E. Colombo e G.B. Portale, vol. 6*, pág. 173-175, DANILLO GALLETTI, em *Il recesso nelle società di capitali*, pág. 159-164, e LUIGI LANZIO, em *Il recesso del socio di s.r.l.*, em "Le società", n.º 2, 2004, pág. 152.

O art.º 95, da Ley 2/1995 espanhola, confere o direito de exoneração aos sócios que não votaram a favor das decisões que justificam a atribuição desse direito, o que abrange os sócios que votaram contra, se abstiveram ou não estiveram presentes.

[145] FRANCESCO FERRARA jr. e FRANCESCO CORSI, em *Gli imprenditori e le società*, pág. 620, GIOVANNI GRIPO, em *Il recesso del socio*, em *Trattato delle società per azioni*, de G.E. Colombo e G.B. Portale, vol. 6*, pág. 181, e DANILLO GALLETTI, em *Il recesso nelle società di capitali*, pág. 473. Este último autor aponta outras soluções para esta compatibilização de exercício de direitos na mesma obra, pág. 511.

O sócio, por um lado, pretende a anulação da deliberação com a qual não concorda, por entender que ela sofre de vícios que afectam a sua validade. Mas, para a hipótese desta sua pretensão não proceder e aquela deliberação vingar, não deseja renunciar ao exercício do direito de abandonar a sociedade. Como obstáculo à compatibilização destes dois meios de reacção, surge a brevidade do prazo que o sócio dispõe para emitir a sua declaração de intenção de se exonerar (90 dias após a deliberação) e o longo tempo que demora a obter-se uma sentença, transitada em julgado, que decida da invalidade arguida (seguramente superior a 1 ano). Este obstáculo deve ser superado pelo exercício condicional do direito de exoneração. A declaração de exoneração fica necessariamente condicionada ao inêxito da acção de impugnação (condição suspensiva)[146]. Só se esta demanda improceder é que a sociedade deve apreciar o pedido de exoneração deduzido pelo sócio discordante, iniciando-se a contagem do prazo de 30 dias, referido no art.º 240.º, n.º 3, do C.S.C., apenas com o trânsito em julgado da decisão de improcedência. Se a acção proceder a declaração de exoneração fica sem efeito.

Se a causa é a existência de vícios da vontade na outorga do contrato de sociedade, apenas os sócios cuja vontade se revela viciada podem requerer a sua exoneração.

Quando o fundamento é a interpelação para pagamento de prestação em dívida respeitante a entrada de novo sócio, resultante de aumento de capital social, apenas o antigo sócio interpelado pode exigir exonerar-se.

No direito de exoneração devido à existência duma proibição de cessão de quotas, apenas o sócio que completou 10 anos de participação na sociedade a pode abandonar.

Se o direito de exoneração se baseia em causa convencionalmente estabelecida, apenas o podem exercer os sócios a quem ele foi estatutariamente atribuído. Não se efectuando uma atribuição especial, deve considerar-se que todos os sócios são titulares desse direito, desde que se enquadrem na situação prevista.

---

[146] Os mesmos autores, nas obras e páginas citados na nota anterior.

O cessionário da quota pertencente a sócio, relativamente ao qual já se tinha verificado a causa de exoneração, à data em que se transmitiu a quota, não goza do direito de se desvincular, uma vez que ingressou voluntariamente na sociedade, após o fundamento da exoneração já se ter verificado[147]. Apenas se poderá suscitar a questão da invalidade do negócio de cessão da quota, por vício da vontade, na hipótese do cessionário não se ter apercebido da nova realidade resultante da verificação da causa do direito de exoneração. Se esta já ocorreu, após ter sido outorgada a transmissão da quota, o cessionário goza do direito de exoneração, mas só tem legitimidade para o exercer, se essa transmissão já produziu efeitos relativamente à sociedade, o que só ocorre quando lhe é comunicada ou é por ela reconhecida expressa ou tacitamente (art.º 228.º, n.º 3, do C.S.C.).

Solução diferente sucede nos casos de transmissão da quota, por morte do sócio. Mesmo que a causa de exoneração se tenha verificado ainda em vida do sócio falecido, os seus sucessores, ao serem colocados, por força das regras da sucessão, na posição do *de cujus*, podem exercer o direito de exoneração que se havia constituído na esfera jurídica deste.

O n.º 2, do art.º 240.º, do C.S.C., determina que a exoneração só pode ter lugar se estiverem inteiramente liberadas todas as quotas do sócio em causa.

Esta exigência visa evitar que um sócio se desvincule da sociedade sem antes ter cumprido as suas obrigações sociais. Caso se permitisse a sua exoneração sem que se mostrassem cumpridas as obrigações inerentes à sua participação na sociedade, com a extinção da quota, elas poderiam ficar por cumprir, com prejuízo para a sociedade e para os credores sociais[148]. Deste modo, obrigando-se o sócio

---

[147] No direito italiano, opina neste sentido Giovanni Gripo, em *Il recesso del socio*, em *Trattato delle società per azioni*, de G.E. Colombo e G.B. Portale, vol. 6*, pág. 176.

DANILO GALLETTI, em *Il recesso nelle società di capitali*, pág. 246-250, sustenta posição contrária.

[148] Daí que esta regra deve ser considerada absolutamente imperativa, não podendo ser afastada pela vontade das partes, mesmo nos direitos de exoneração de origem convencional.

a permanecer na sociedade enquanto a quota não se mostrar liberada, esta funcionará como garantia das dívidas existentes, sendo possível à sociedade proceder à exclusão do sócio remisso e à venda ou divisão entre os outros sócios da respectiva quota para pagamento dos seus créditos (art.º 204.º e 205.º, do C.S.C.). Aliás, os art.º 232.º, n.º 3, e 220.º, n.º 1, do C.S.C., não permitem, respectivamente, a amortização[149] e a aquisição de quotas pela sociedade que não se encontrem liberadas, sendo certo que estes são dois dos três meios técnicos admitidos para a concretização da extinção da participação social resultante do exercício do direito de exoneração[150].

Contudo, com algum engenho legislativo, julgamos que teria sido possível manter a possibilidade do sócio com as quotas não liberadas obter a sua exoneração, através da adopção da figura da compensação legal, entre o crédito da sociedade pelas prestações em dívida e o crédito do sócio ao valor da quota extinta, assegurando-se assim a satisfação do interesse do sócio em abandonar a sociedade e o interesse desta e dos credores sociais no pagamento das prestações em dívida.

Uma quota considera-se liberada, em sentido estrito, quando se mostrem satisfeitas as respectivas entradas convencionadas no contrato, quer inicialmente, quer resultantes de deliberação posterior de aumento de capital. Mas, além das entradas, o pacto social pode impor aos sócios a obrigação de efectuarem prestações acessórias (art.º 209.º, do C.S.C.), e permitir que futuramente se delibere a realização de prestações suplementares (art.º 210.º, n.º 1, do C.S.C.). Será que a existência de dívidas relativas a estas prestações impede que a quota se considere liberada para os efeitos da proibição contida no n.º 2, do art.º 240.º, do C.S.C.?

A solução não é uniforme para as dívidas destes dois tipos de prestações sociais.

Enquanto as prestações acessórias resultam de negócio meramente acessório ao contrato de sociedade, em que, salvo convenção

---

[149] A amortização apenas é possível, se for cumulada com uma operação de redução do capital (art.º 232.º, n.º 3, do C.S.C.).
[150] Cfr., *infra*, pág. 111

em contrário, a falta de cumprimento da respectiva obrigação não afecta a posição do sócio como tal (art.º 209.º, n.º 3, do C.S.C.), as prestações suplementares, apesar de não serem prestações de capital, são suplementares do capital, pelo que o seu regime se aproxima do previsto para estas últimas[151]. Aproximação que atinge a coincidência no que respeita à falta de cumprimento de ambas as prestações (art.º 212.º, n.º 1, do C.S.C.). O incumprimento destas prestações permite à sociedade proceder à exclusão do sócio remisso e à venda ou divisão entre os outros sócios da respectiva quota para pagamento dos seus créditos (art.º 204.º e 205.º, do C.S.C.), ao contrário do incumprimento das prestações acessórias, que apenas permitem o recurso às reacções previstas nas regras gerais das obrigações ou nas regras especiais dos contratos que eventualmente configurem essas prestações.

Da diversidade deste regime, resulta que, relativamente à dívida de prestações suplementares, se verifica a mesma necessidade de impedir a exoneração do sócio devedor dessas prestações, de modo a não se perder a garantia que constitui a sua quota, enquanto, relativamente à dívida de prestações acessórias, não se justifica essa proibição, pelo que, existindo prestações suplementares em dívida, a quota não se deve considerar liberada, para os efeitos do disposto no art.º 240.º, n.º 2, do C.S.C., ao contrário do que sucede se as prestações em dívida forem meramente acessórias.

Note-se, porém, que o regime do incumprimento das prestações acessórias pode ser livremente convencionado (art.º 209.º, n.º 4, do C.S.C.), pelo que, se as partes clausularem para essa situação um regime idêntico ao que está legalmente previsto para a falta de cumprimento das prestações de capital ou suplementares, a dívida de prestações acessórias também impede que se considere a quota respectiva liberada, não sendo possível ao seu titular exonerar-se, atenta a proibição estabelecida no art.º 240.º, n.º 2, do C.S.C..

Mesmo que as prestações em dívida não se encontrem ainda vencidas, por ter sido diferido o seu pagamento (art.º 203.º, n.º 1 e

---

[151] Sobre a distinção entre prestações acessórias e suplementares, ver RAÚL VENTURA, em *Sociedades por quotas,* vol. I, pág. 238-239.

211.º, n.º 1, do C.S.C.), o sócio só poderá abandonar a sociedade se já as tiver satisfeito, uma vez que se manteria o risco de o libertar sem estar garantido o pagamento das referidas prestações sociais.

Não é necessário que a liberação da quota se verifique no momento da declaração do sócio à sociedade, manifestando a sua vontade de a abandonar, nos termos do art.º 240.º, n.º 3, do C.S.C., sendo suficiente que esse pressuposto se verifique na data da deliberação social que aprecie aquela declaração[152], pois só nesse momento é que deve ser verificada pelos orgãos sociais competentes a existência das condições necessárias ao exercício do direito de exoneração.

Caso a sociedade permita a exoneração de um sócio, cuja quota não se encontre liberada, a respectiva deliberação deve ser considerada nula, uma vez que a mesma viola norma imperativa[153].

A legitimidade do sócio para exercer o direito de exoneração que lhe assiste pode encontrar-se limitada pela existência de outros direitos reais sobre a quota, como o usufruto ou o penhor, ou pela sua apreensão em processo judicial.

Se sobre a quota incide um direito real de usufruto, constituído nos termos do art.º 23.º, n.º 1 e 2, do C.S.C., é o usufrutuário que passa a exercer os direitos inerentes ao gozo da quota, mantendo-se, porém, a sua titularidade na esfera jurídica do proprietário. Sócio será ou um ou outro, ou mesmo ambos, dependendo das características do direito ou da obrigação relativamente aos quais se reporta essa qualidade[154]. O sócio que pode exonerar-se, com a consequente per-

---

[152] RAÚL VENTURA, em *Sociedades por quotas*, vol. II, pág. 25, e RICARDO SANTOS COSTA, em *A sociedade por quotas unipessoal no direito português*, pág. 272, nota 259.

[153] Note-se que o art.º 27.º, n.º 1, do C.S.C., também sanciona com a nulidade as deliberações dos sócios que os liberem total ou parcialmente da obrigação de efectuar as entradas estipuladas.

[154] Como escreveu RAÚL VENTURA, em *Sociedades por quotas*, vol. I, pág. 421, *"será tão arbitrário afirmar que só o titular da raiz é sócio, por ter aquela qualidade, como que o usufrutuário, por causa do seu direito real de gozo, é também sócio ou é o sócio"*.

da da quota, só pode ser o titular da raiz, uma vez que é a essa titularidade que se renuncia[155]. Mas como da perda da quota resulta a modificação do objecto do usufruto (art.º 1467.º, n.º 1, c), do C.C.[156], *ex vi* do art.º 23.º, n.º 2, do C.S.C.), se a isso não obstar o título constitutivo do mesmo, a exoneração só pode verificar-se com o consentimento do usufrutuário[157]. É esse o requisito que a lei impõe para as operações de amortização da quota consentidas pelo seu titular de raiz (art.º 233.º, n.º 4, do C.S.C.). Ora, correspondendo o exercício do direito de exoneração a um acto de vontade deste, que igualmente determina a modificação do objecto do usufruto, também é exigível que o usufrutuário dê o seu consentimento a esse exercício. Atento o formalismo exigido para a declaração de intenção de exoneração dirigida à sociedade, o consentimento do usufrutuário deve obedecer à forma escrita e acompanhar essa declaração, de modo a que a sociedade possa verificar o preenchimento de todos os requisitos do exercício do direito de exoneração. A ausência de consentimento do usufrutuário à exoneração permite que a sociedade se escuse à prática dos actos de destinação da quota perdida e determina a ineficácia da desvinculação, caso esta se concretize, apesar da falta daquele requisito.

Mas a legitimidade para o exercício do direito de exoneração também está dependente de um determinado sentido de voto numa deliberação social, ou da verificação de um determinado facto.

O art.º 1467.º, n.º 1, b), e n.º 2, do C.C., aplicável por remissão do art.º 23.º, n.º 2, do C.S.C., determina que é o usufrutuário de participações sociais quem tem direito a votar nas assembleias gerais, salvo qundo se trate de deliberações que importem alteração de esta-

---

[155] Sobre esta questão no direito italiano, *vide* FRANCESCO FERRARA jr. e FRANCESCO CORSI, em *Gli imprenditori e le società*, pág. 470-471, GIOVANNI GRIPO, em *Il recesso del socio*, em *Trattato delle società per azioni*, de G.E. Colombo e G.B. Portale, vol. 6*, pág. 177, e DANILO GALLETTI, em *Il recesso nelle società di capitali*, pág. 169-180.

[156] Nos termos desta alínea, que integra a enumeração supletiva dos poderes do usufrutuário, este tem direito a usufruir os valores que, no acto de liquidação da quota, caibam ao sócio que se exonerou.

[157] RAÚL VENTURA, em *Sociedades por quotas,* vol. I, pág. 418-419.

tutos ou dissolução da sociedade, hipóteses em que o voto cabe conjuntamente ao proprietário e ao usufrutuário.

Uma vez que apenas o usufrutuário tem direito de voto nas deliberações de transferência da sede efectiva da administração para o estrangeiro e de exclusão de sócio, o seu voto contrário às deliberações de transferência da sede e de não exclusão do sócio, respectivamente, poderão ser invocadas pelo nu-proprietário, com o consentimento do usufrutuário, para aquele se exonerar da sociedade.

Nas deliberações de aumento de capital a subscrever por terceiros, de mudança de objecto social, de prorrogação da sociedade, e mesmo na de regresso à actividade da sociedade dissolvida[158], o voto pertence conjuntamente ao usufrutuário e ao titular da raiz (art.º 1467.º, n.º 1, b), *ex vi* do art.º 23.º, n.º 2, do C.S.C.). Se o voto de ambos for coincidente na oposição a essas deliberações, o nu-proprietário poderá exonerar-se desde que obtenha o consentimento do usufrutuário. Se o sentido dos votos for divergente, considera-se que não houve uma expressão de voto válida[159], pelo que o nu-proprietário não se poderá exonerar, ainda que o sentido do seu voto fosse contrário à aprovação destas deliberações, uma vez que não se pode considerar que houve um voto contra do conjunto dos titulares com interesse naquela participação social.

Já na deliberação de transformação da sociedade, em que o voto também pertence conjuntamente ao usufrutuário e ao nu-proprietário, este só não terá direito a exonerar-se se ambos votarem favoravelmente aquela deliberação, ou se apenas aquele votar a favor. Apesar de, nesta última hipótese, não ter sido expresso um voto válido dos titulares da respectiva quota, a posição assumida pelo nu-proprietário impede-o de sair da sociedade com fundamento na deliberação tomada e por si apoiada, por tal conduta constituir um exercício abusivo do direito de exoneração (art.º 334.º, do C.C.).

---

[158] Apesar desta deliberação não se encontrar expressamente prevista no art.º 1467.º, n.º 2, do C.C., deve considerar-se abrangida pelo regime de voto aí definido, uma vez que ela se equipara à deliberação de dissolução da sociedade na sua relevância, como resulta aliás do disposto no art.º 161.º, n.º 2, do C.S.C..

[159] RAÚL VENTURA, em *Sociedades por quotas,* vol. I, pág. 420.

Quanto aos direitos de exoneração com fundamento na existência de vícios na formação do contrato de sociedade, na redução da participação social, em caso de regresso à actividade da sociedade dissolvida, na interpelação para pagamento de dívida respeitante a entrada de novo sócio, e na existência de uma cláusula de proibição de cessão de quotas, referem-se a actos relativos à pessoa do proprietário da quota – foi este que teve a sua vontade viciada, que viu a sua participação social diminuída, que foi interpelado para pagar a entrada devida por novo sócio, e que permaneceu na sociedade por período superior a 10 anos sem poder ceder a sua quota.

Se sobre a quota incide um penhor nos termos dos n.º 3 e 4, do art.º 23.º, do C.S.C., o credor pignoratício só pode exercer os direitos sociais que lhe permitam o título constitutivo do penhor, sendo, contudo, o direito de exoneração, pela sua natureza, um direito que apenas pode ser exercido pelo titular da quota, mesmo que oferecida em penhor.

Mas como da perda da quota resulta a modificação do objecto do penhor (art.º 692.º, n.º 1, [160] *ex vi* do art.º 678.º, do C.C.), se a isso não obstar o título constitutivo do mesmo, a exoneração só pode verificar-se com o consentimento do credor pignoratício. É esse o requisito que a lei impõe para as operações de amortização da quota consentidas pelo seu titular (art.º 233.º, n.º 4, do C.S.C.). Ora, correspondendo o exercício do direito de exoneração a um acto de vontade deste, que igualmente determina a modificação do objecto do penhor, também é exigível que o credor pignoratício dê o seu consentimento a esse exercício. Atento o formalismo exigido para a declaração de intenção de exoneração dirigida à sociedade, o consentimento deste credor especial deve obedecer à forma escrita e acompanhar essa declaração, de modo a que a sociedade possa verificar o preenchimento de todos os requisitos do exercício do direito de exoneração. A ausência de consentimento do credor pignoratício à exonera-

---

[160] Nos termos deste número, quando a coisa sobre a qual incide o penhor se perde, como sucede com a quota, em consequência do exercício do direito de exoneração, e o seu titular tem direito a receber uma contrapartida, o credor pignoratício conserva sobre essa contrapartida a garantia do penhor.

ção permite que a sociedade se escuse à prática dos actos de destinação da quota perdida e determina a ineficácia da desvinculação, se esta se concretizar, apesar da falta daquele requisito.

Se a quota se encontrar penhorada, arrestada, arrolada ou apreendida em processo de falência ou insolvência, o seu titular mantém a possibilidade de se exonerar da sociedade, incidindo os efeitos daqueles actos apenas sobre a fixação e destino da contrapartida a receber pelo sócio. É esta a solução que resulta claramente do disposto no art.º 235.º, n.º 2, do C.S.C., para a amortização de quotas. Apesar da lei cominar, na generalidade, com a ineficácia os actos de disposição dos bens objecto das medidas judiciais acima mencionadas (art.º 622.º, 819.º e 820.º, do C.C., art.º 424.º, n.º 5, do C.P.C. e art.º 81, n.º 6, do CIRE [161]), considerando que, neste caso, é possível proteger os interesses dos credores, o legislador optou por subordinar esta perda do bem objecto dessas medidas ao regime do art.º 823.º, do C.C., previsto para a perda de coisa penhorada, aplicável aos casos de arresto e apreensão em processo de insolvência, *ex vi*, do art.º 622.º, n.º 2, do C.C. e 150.º, n.º 1, do CIRE [162]).

2. A declaração de exoneração

Sendo o direito de exoneração um direito subjectivo, o seu exercício encontra-se na livre disponibilidade da vontade do seu titular, pelo que o seu processo de realização, após a sua constituição na esfera jurídica do sócio em causa, se inicia com a manifestação exterior dessa vontade. O sócio que pretenda desvincular-se da sociedade deve emitir uma declaração escrita à sociedade, comunicando a sua intenção de se exonerar (art.º 240.º, n.º 3, 1.ª parte, do C.S.C.) [163].

---

[161] Esta remissão encontrava-se anteriormente no art.º 155.º, n.º 1, do CPEREF, que denominava o correspondente vício do acto como inoponibilidade.

[162] Esta remissão encontrava-se anteriormente no art.º 145.º, n.º 2, do CPEREF.

[163] A declaração de pretensão de exoneração no C.O. Suíço, por justo motivo, é efectuada através da propositura da respectiva acção de autorização (art.º 822, n.º 2).

Esta declaração, constituindo uma simples comunicação de vontade, cujos efeitos se encontram normativamente pré-determinados, constitui um acto jurídico, doutrinalmente denominado de acto quase negocial [164]. A estes actos são aplicáveis as regras previstas no C.C. para os negócios jurídicos (art.º 217.º a 294.º), apenas na medida em que a analogia das situações o justifique (art.º 295.º, do C.C.).

A declaração de intenção de exoneração deve seguir obrigatoriamente a forma escrita (art.º 240.º, n.º 3, do C.S.C.) [165]. Estamos perante a imposição duma formalidade *ad substantiam*, que visou assegurar uma ponderada reflexão do declarante sobre a importância e as consequências deste acto [166] e, simultaneamente, proporcionar um grau de certeza mais elevado sobre a sua existência, o que justificava que se tivesse exigido também que o escrito fosse enviado por carta registada [167]. A inobservância da forma escrita é sancionada

---

[164] Sobre estes actos e a sua distinção dos negócios jurídicos, *vide* WERNER FLUME, em *El negocio juridico,* pág. 139-148, CARLOS MOTA PINTO, em *Teoria geral do direito civil,* pág. 419-422, MENEZES CORDEIRO, em *Tratado de direito civil português,* vol I, tomo 1, pág. 243-246 e 271-273, e HEINRICH HÖRSTER, em *A parte geral do Código Civil Português...,* pág. 205-208.

[165] Mas, nos direitos de exoneração de origem convencional, atenta a liberdade de fixação do regime do seu exercício, nada impede que o pacto social afaste este formalismo ou estabeleça outro, com excepção do caso previsto no art.º 226.º, do C.S.C. (direito de exoneração dos sucessores, contratualmente previsto para a hipótese de morte de um sócio), em que também se impõe a forma escrita (art.º 226.º, n.º 1, do C.S.C.).

[166] Evitando-se, assim, que habituais desabafos orais irreflectidos de abandono da sociedade proferidas pelos sócios vencidos nos momentos imediatos à aprovação duma deliberação da qual discordaram possam ser considerados como válidas declarações de exoneração.

[167] Os Anteprojectos de Vaz Serra e Raúl Ventura impunham que a declaração fosse efectuada por notificação judicial avulsa (art.º 139.º, n.º 1 e 90.º, n.º 1, respectivamente), enquanto o Anteprojecto de Coimbra se bastava com a forma escrita (art.º 125.º, n.º 3), o que foi adoptado pelo Projecto do C.S.C. (art.º 246.º, n.º 3).

Nos termos do art.º 2437, do C.C. Italiano, o qual apesar de regular o direito de exoneração na *società per azioni,* é aplicável por analogia à *società a responsabilità limitata,* a declaração de exoneração deve ser efectuada por escrito, através de carta registada enviada para a gerência da sociedade, sem prejuízo

com a nulidade da declaração (art.º 220.º, *ex vi* do art.º 295.º, ambos do C.C.).

Esta sanção tanto pode ser invocada pelo sócio que não pretende abandonar a sociedade, com base na declaração viciada, como pela sociedade que não quer extinguir a quota, ou conhecida oficiosamente pelo tribunal em processo onde se discuta o direito do sócio a exonerar-se (art.º 286.º, *ex vi* do art.º 295.º, ambos do C.C.).

Mas, se a sociedade, apesar dessa invalidade, proceder à extinção da quota do declarante e este aceitar essa extinção, recebendo a contrapartida a que se refere o art.º 240.º, n.º 4, do C.S.C., a nulidade da declaração não afecta a extinção desencadeada e livremente executada pelo sócio e pela sociedade. A declaração inválida não integra qualquer negócio jurídico que pudesse ser afectado por vício de forma, sendo uma simples comunicação de vontade (acto jurídico em sentido estrito) que desencadeia um processo de realização de um direito. Se, apesar da comunicação ter sido efectuada de forma inválida, o respectivo processo não deixa de ocorrer com a livre participação do titular do direito e do obrigado ao seu cumprimento, a realização do direito não é afectada por aquele vício, devendo ser considerada válida[168].

A declaração de manifestação da vontade de exoneração pode ser tácita[169], desde que a forma escrita tenha sido observada quanto

---

do pacto social poder prever formalismo diferente (*vide* LUIGI LANZIO, em *Il recesso del socio di s.r.l.*, em "Le società", n.º 2, 2004, pág.154).

A *Ley* 2/1995 espanhola não exige nenhum formalismo para essa declaração, o que é criticado por AGUSTÍN AGUILERA RAMOS, em *El derecho de separación del socio*, em *Derecho de sociedades de responsabilidad limitada*, tomo II, pág. 1012.

O C. Comercial de Macau prevê que a comunicação deve ser efectuada por carta registada (art.º 369.º, n.º 4).

[168] Também quando a interpelação para o cumprimento duma obrigação contratual não é efectuada segundo a forma estipulada (v.g. por comunicação telefónica, em vez de carta registada com aviso de recepção), mas o cumprimento é realizado, este não deixa de ser válido.

[169] Em sentido contrário RAÚL VENTURA, em *Sociedades por quotas,* vol. II, pág. 27.

aos factos dos quais a declaração se deduz (art.º 217.º, n.º 1 e 2, *ex vi* do art.º 295.º, ambos do C.C.).

O conteúdo dessa declaração deve ser preenchido com a manifestação da vontade do declarante abandonar a sociedade e a invocação da causa legal ou convencional justificativa da constituição do direito de exoneração que se pretende exercer[170]. Só a clara e completa invocação desta causa permitirá à sociedade aferir da real existência do direito invocado, de modo a permitir-lhe adoptar o comportamento adequado. Esta exigível indicação do motivo da exoneração delimitará os fundamentos do direito exercido.

Mesmo que tivessem ocorrido outras causas justificativas da desvinculação do sócio da relação societária, a existência daquele direito só poderá ser aferida relativamente à causa invocada na declaração escrita, sem prejuízo do sócio poder emitir nova declaração exoneratória, fundamentada em causas omitidas na primeira declaração[171].

É ineficaz a declaração de exoneração fundamentada em causa de verificação futura e incerta[172], não sendo dispensado o declarante de efectuar nova declaração quando esse facto vier a ocorrer. O n.º 3, do art.º 240.º, do C.S.C., esclarece que a declaração deve ser efectuada após a verificação da respectiva causa, não valendo qualquer declaração antecipada.

Mas a declaração encontra-se sujeita a condição suspensiva quando o sócio impugnou a validade da deliberação que fundamenta o seu direito de exoneração[173].

O sócio não tem que incluir na declaração qual o meio que prefere de extinção da sua quota, sendo uma opção que compete à sociedade.

---

[170] RAÚL VENTURA, em *Sociedades por quotas*, vol. II, pág. 28, e o acórdão da Relação do Porto de 9-11-1999, na C.J., Ano XXIV, tomo 5, pág. 180, relatado por PINTO FERREIRA.

[171] RAÚL VENTURA, em *Sociedades por quotas*, vol. II, pág. 29.

[172] RAÚL VENTURA, em *Sociedades por quotas*, vol. II, pág. 29, aponta como exemplo a seguinte declaração: *"exonero-me da sociedade se a assembleia decidir transferir a sede efectiva da sua administração para o estrangeiro"*.

[173] Cfr., *supra*, pág. 89.

A referência que fizer nesta matéria é perfeitamente irrelevante, valendo como simples sugestão que não vincula a sociedade.

A declaração de exoneração torna-se eficaz logo que os seus termos são conhecidos pela destinatária – a sociedade – ou quando esse conhecimento não ocorre por culpa desta (art.º 224.º, n.º 1 e 2 *ex vi* do art.º 295.º, ambos do C.C.). A declaração deve ser enviada para a sede da sociedade, sendo seus destinatários físicos os seus gerentes[174]. Após o conhecimento pela sociedade da declaração de intenção de exoneração, esta não pode ser revogada pelo sócio (art.º 230.º, n.º 1, *ex vi* do art.º 295.º, ambos do C.C.)[175], salvo se a sociedade concordar com essa revogação[176], ou se se verificar uma reposição da situação anterior à que motivou a declaração de exoneração[177]. A revogação efectuada antes do conhecimento pela sociedade da declaração de exoneração, para ser eficaz, deve chegar ao

---

[174] PAULO VIDEIRA HENRIQUES, em *A desvinculação unilateral ad nutum nos contratos civis de sociedade e de mandato*, pág. 69.

[175] PAULO VIDEIRA HENRIQUES, em *A desvinculação unilateral ad nutum nos contratos civis de sociedade e de mandato*, pág. 70.

RAÚL VENTURA, em *Sociedades por quotas*, vol. II, pág. 30, discorda da aplicação do regime estabelecido no art.º 230.º, do C.C. à declaração de exoneração, com o argumento de que aquele se dirige às propostas contratuais. Se é verdade que a declaração de exoneração não é uma proposta contratual, mas uma mera comunicação que configura um "quase-negócio jurídico", nos termos do art.º 295.º, do C.C., deve aplicar-se-lhe o regime do negócio jurídico, na medida em que a analogia das situações o justifique, como sucede com as regras de recepção da declaração pelo destinatário, como sustenta MOTA PINTO, em *Teoria geral do direito civil*, pág. 421.

Defendendo a revogabilidade da declaração de exoneração no direito italiano, podem ler-se FILIPPO CHIOMENTI, em *Revocabilità delle aventi ad oggetto le modificazioni dell' atto costitutivo di cui all' art. 2437 cod. civ. in presenza di dichiarazioni di recesso dalla società*, em "Rivista del diritto commerciale e del diritto generale delle obbligazioni", Ano XCIV (1996), parte 2.ª, pág. 419-420, GIOVANNI GRIPO, em *Il recesso del socio,* em *Trattato delle società per azioni,* de G.E. Colombo e G.B. Portale, vol. 6*, pág. 183, nota 152 e DANILO GALETTI, em *Il recesso nelle società di capitali*, pág. 488-494.

[176] RAÚL VENTURA, em *Sociedades por quotas*, vol. II, pág. 30.

[177] Cfr., *infra*, pág. 105-106.

conhecimento desta em momento anterior ou simultaneamente ao da recepção da declaração (art.º 230.º, n.º 2, *ex vi* do art.º 295.º, ambos do C.C.).

O sócio também não pode ceder a sua quota a outrém, por negócio translativo, após ter comunicado eficazmente à sociedade a sua vontade de se exonerar, mesmo que os estatutos permitam a cessão de quotas sem o consentimento da sociedade ou ela ocorra nas hipóteses em que a lei dispensa esse consentimento (art.º 228.º, n.º 2, do C.S.C.)[178]. Isso equivaleria à revogação da declaração de exoneração, pelo que a cessão da quota após aquele momento só é válida se tiver o consentimento da sociedade[179].

Se a recepção da declaração da intenção de exoneração não transmite para a sociedade a titularidade da quota respectiva, nem suspende a generalidade dos direitos e obrigações inerentes a essa titularidade, retira ao sócio os poderes de disposição sobre a quota, os quais passam a pertencer à sociedade, por força da lei, que a pode amortizar, adquiri-la, ou transmiti-la para outro sócio ou terceiro. E só com a prática destes actos é que se consuma a perda da quota pelo sócio. Se a sociedade não praticar nenhum destes actos no prazo de 30 dias após a recepção da declaração, por razões a ela imputáveis, o sócio reassume aqueles poderes de disposição, podendo, contudo, optar por requerer a dissolução daquela, de forma a conseguir libertar-se do vínculo social.

O art.º 240.º, n.º 3, do C.S.C., exige, como regra geral, que a declaração de exoneração seja efectuada nos 90 dias seguintes ao

---

[178] Em sentido contrário, no direito italiano, GIOVANNI GRIPO, em *Il recesso del socio*, em *Trattato delle società per azioni*, de G.E. Colombo e G.B. Portale, vol. 6*, pág. 183, nota 152 e DANILO GALETTI, em *Il recesso nelle società di capitali*, pág. 494.

[179] Esta conclusão também é válida para o exercício do direito de exoneração, como reacção à deliberação de fusão ou cisão de sociedades, apesar do disposto no n.º 4, do art.º 105.º, do C.S.C.. Esta norma apenas veio permitir que, no prazo que o sócio dispõe para apresentar a sua declaração da intenção de se exonerar – 30 dias –, ceda a outrém voluntariamente a sua quota, sem estar limitado pelas estipulações contratuais relativas à cessão de quotas.

conhecimento pelo sócio do facto que fundamenta a exoneração[180]. Estamos perante a fixação de um prazo de caducidade do direito (art.º 298.º, n.º 2, do C.C.)[181], pelo que o mesmo não se suspende ou interrompe (art.º 328.º, do C.C.) e conta-se desde o dia seguinte àquele em que o sócio teve conhecimento da causa da exoneração, devendo na sua contagem tomarem-se em consideração as regras prescritas no art.º 279.º, do C.C. (art.º 296.º, do C.C.).

Da leitura do art.º 240.º, n.º 1, a) e b), do C.S.C., resulta que as causas legais de exoneração aí elencadas são as deliberações (de aumento de capital social a subscrever total ou parcialmente por terceiros, de mudança de objecto social, de prorrogação da sociedade, de transferência da sede para o estrangeiro e de regresso à

---

[180] O estabelecimento de um prazo de caducidade para o exercício do direito de exoneração constava apenas do Anteprojecto de Coimbra, o qual era apenas de 30 dias (art.º 125.º, n.º 3), que se manteve no Projecto do C.S.C. (art.º 246.º, n.º 3), tendo sido incompreensivelmente aumentado para 90 dias na redacção final deste diploma.

A declaração de exoneração, no C.C. Italiano, antes da reforma legislativa ocorrida em 2003, devia ser enviada 3 dias após o termo da assembleia, para os sócios presentes, e de 15 dias após a inscrição da deliberação no livro de registos da sociedade, para os sócios ausentes (art.º 2437). Sobre o funcionamento destes prazos, leiam-se as observações de DANILO GALLETI, em *Il recesso nelle società di capitali*, pág. 443-458. Com as alterações introduzidas pelo Decreto n.º 6/2003, o prazo para a comunicação da declaração de exoneração passou a ser para todos de 15 dias após a inscrição da deliberação no livro de registos da sociedade, quando é uma deliberação social que fundamenta o direito de exoneração, e de 30 dias após o conhecimento do facto, quando o fundamento deste direito não é uma deliberação social (art.º 2437, aplicável por analogia ao direito de exoneração na *società à responsabilità limitata*, como defende LUIGI LANZIO, em *Il recesso del socio di s.r.l.,* "Le società", n.º 2, 2004, pág. 154).

O art.º 97, da *Ley* 2/1995 espanhola, exige que a declaração de exoneração seja efectuada nos 30 dias seguintes à publicação da respectiva deliberação no "Boletin Oficial del Registro Mercantil" ou à sua comunicação pessoal ao sócio em causa.

O art.º art.º 369.º, n.º 4, do C. Comercial de Macau, exige que a comunicação seja efectuada nos 30 dias seguintes após se ter verificado o facto que permite a exoneração do sócio

[181] RAÚL VENTURA, em *Sociedade por quotas,* vol. II, pág. 27.

actividade da sociedade dissolvida) e não a sua efectiva concretização, pelo que o momento em que se inicia a contagem do prazo de caducidade de 90 dias é o do conhecimento dessas deliberações e não o da sua execução [182]. Como só os sócios que votaram contra essas deliberações têm legitimidade para se exonerar, o conhecimento da deliberação é normalmente imediato à sua verificação, uma vez que esses sócios se encontram presentes.

Apesar do momento de verificação da causa de exoneração ser também o da deliberação, na hipótese prevista no art.º 161.º, n.º 5, do C.S.C. – deliberação de regresso à actividade da sociedade dissolvida em que a participação de um sócio fique relevantemente reduzida em relação à que, no conjunto, anteriormente detinha – como não se exige que o sócio que se pretende exonerar tenha votado contra essa deliberação, podendo encontrar-se ausente da reunião onde aquela foi aprovada, o conhecimento, nesta hipótese, já pode ocorrer posteriormente à deliberação.

A opção, de acerto duvidoso, pelo conhecimento da deliberação como momento a partir do qual o sócio discordante se pode exonerar, em detrimento do momento da sua execução, permite que ocorram situações em que aquele sócio se pode desvincular da sociedade, sem que se tenha concretizado a política social da qual discordou. Na verdade, pode verificar-se uma inexecução da deliberação, por inércia dos órgãos sociais, ou por dificuldades entretanto surgidas, assim como pode a sociedade deliberar revogar a decisão anteriormente tomada e ainda não executada [183].

---

[182] RAÚL VENTURA, em *Sociedades por quotas,* vol. II, pág. 27.

[183] O art.º 137.º, n.º 3, do C.S.C., prevê expressamente a possibilidade da sociedade decidir revogar a deliberação da sua transformação, face ao reconhecimento de que as contrapartidas a pagar aos sócios que manifestaram a sua vontade de abandonar a sociedade, perante o vencimento do projecto de transformação, afectaria o capital social. Note-se, contudo, que, neste caso, a lei estabeleceu, excepcionalmente, que o sócio só se considerava exonerado na data da escritura da transformação (art.º 137.º, n.º 4, do C.S.C.), isto é, com a execução da deliberação.

Sobre a revogação de deliberações sociais, *vide* PINTO FURTADO, em *Deliberações dos sócios,* pág. 590-592

Se esta revogação ocorrer antes do decurso do prazo que a sociedade dispõe para amortizar, adquirir ou fazer adquirir a quota do sócio que manifestou a sua vontade de abandonar a sociedade, deve considerar-se que o direito de exoneração desse sócio se extinguiu, por ter sido eliminada a causa que o fundamentava, se a deliberação ainda não havia sido executada[184]. Esta causa de caducidade do direito de exoneração permitirá à sociedade repensar as suas opções face às reacções de dissidência e às suas consequências patrimoniais, ao mesmo tempo que permitirá às minorias funcionar como forças de bloqueio às grandes alterações da vida societária, obrigando ao respeito pelas suas opiniões. Mas, se a revogação se verificar já após a sociedade ter entrado em mora no cumprimento da sua prestação, não há razão para o funcionamento da extinção automática do direito de exoneração, não existindo qualquer interesse da sociedade digno de protecção. Nesta situação, apenas a posição do sócio que havia manifestado a decisão de se exonerar merece ser salvaguardada, conferindo-se-lhe a possibilidade de continuar a poder exigir o cumprimento do seu direito de exoneração ou de revogar a sua declaração de exoneração, com fundamento na alteração superveniente dos motivos da sua emissão. Reposta a situação, anterior à alteração da relação societária, que havia motivado o sócio a abandonar a organização de que era membro, não há qualquer razão que

---

[184] RAÚL VENTURA, em *Sociedades por quotas,* vol. II, pág. 28.
    Assim opinam também no direito italiano anteriormente à reforma de 2003, perante o silêncio da lei, FILIPPO CHIOMENTI, em *Revocabilità delle aventi ad oggetto le modificazioni dell' atto costitutivo di cui all' art. 2437 cod. civ. in presenza di dichiarazioni di recesso dalla società,* em "Rivista del diritto commerciale e del diritto generale delle obbligazioni", Ano XCIV (1996), parte 2.ª, pág. 414-423, FRANCESCO FERRARA jr. e FRANCESCO CORSI, em *Gli imprenditori e le società,* pág. 620, GIOVANNI GRIPO, em *Il recesso del socio,* em *Trattato delle società per azioni,* de G.E. Colombo e G.B. Portale, vol. 6*, pág. 179-180, e DANILO GALLETI, em *Il recesso nelle società di capitali,* pág. 497-503, relativamente à revogação efectuada em data anterior à extinção da quota.
    O Decreto 6/2003 veio a consagrar esta solução na parte final do art.º 2473, declarando ineficazes as declarações de exoneração com fundamento em deliberações que posteriormente tenham sido revogadas.

obste a que este revogue a sua declaração de vontade, nesse sentido, a qual não havia ainda sido concretizada, por razões imputáveis à sociedade.

Se a revogação da deliberação apenas suceder após já se ter verificado a liquidação da quota do sócio que se exonerou, perante a ausência de qualquer previsão legal, não parece possível que o sócio possa reingressar na sociedade, através duma resolução retroactiva do exercício do direito de exoneração [185], salvo se ocorrer uma situação de abuso de direito, por violação dos ditames da boa-fé (art.º 334.º, do C.C.). Para que esta se verifique é necessário demonstrar-se que todo o processo de aprovação da deliberação, exoneração do sócio discordante e revogação dessa deliberação teve como única finalidade a "exclusão" daquele membro da sociedade.

O que dissemos, relativamente à possibilidade da sociedade revogar a deliberação motivadora do exercício do direito de exoneração do sócio discordante, vale para o caso em que essa deliberação é anulada por decisão judicial, antes da execução, quer da deliberação, quer do direito de exoneração [186]. Problemática é a solução em que a decisão judicial de anulação apenas chega quando já se concretizou a exoneração do sócio discordante. É nosso entendimento que nesta situação a vontade implícita ou explícita que presidiu à exoneração do sócio discordante foi a de fazer depender esse acto da validade da deliberação anulada, pelo que verificada a sua anulação, com efeitos retroactivos (art.º 289.º, n.º 1, do C.P.C.), a exoneração também é atingida pelo movimento de retorno à situação anterior à aprovação da deliberação, ficando sem efeito [187]. Tal movimento consiste na

---

[185] DANILO GALLETI, em *Il recesso nelle società di capitali*, pág. 506.

[186] FRANCESCO FERRARA jr. e FRANCESCO CORSI, em *Gli imprenditori e le società*, pág. 620, e GIOVANNI GRIPO, em *Il recesso del socio*, em *Trattato delle società per azioni*, de G.E. Colombo e G.B. Portale, vol. 6*, pág. 180-181 e DANILO GALLETI, em *Il recesso nelle società di capitali*, pág. 511-517.

[187] Segue-se aqui a posição defendida por VASCO LOBO XAVIER, em *Anulação de deliberação social e deliberações conexas*, nomeadamente a pág. 575.

Em sentido contrário opina DANILO GALLETI, em *Il recesso nelle società di capitali*, pág. 511-517.

reentrada do sócio exonerado na sociedade e na devolução por este da contrapartida recebida[188].

O direito de exoneração que tem como fundamento vícios da vontade na outorga do contrato de sociedade (art.º 45.º, n.º 1, do C.S.C.) deve ser exercido no prazo de 1 ano, após a cessação do vício (art.º 45.º, n.º 1, do C.S.C. e 287.º, n.º 1, do C.C.)[189].

No direito de exoneração que resulte da sua atribuição convencional aos sucessores de um sócio, em virtude da morte deste, inicia-se a contagem do seu prazo de exercício no dia seguinte ao conhecimento do óbito (art.º 226.º, n.º 1, do C.S.C.).

O direito de exoneração, em caso de proibição de cessão de quotas (art.º 229.º, n.º 1, do C.S.C.), não tem qualquer prazo para ser exercido, podendo-o ser a todo o tempo, uma vez decorridos dez anos sobre o ingresso do sócio na sociedade.

No direito de exoneração, em caso de transformação da sociedade, o sócio dispõe do prazo de 30 dias, contados a partir da publicação da deliberação de transformação, para comunicar à sociedade a sua intenção de se desvincular (art.º 137.º, n.º 1, do C.S.C.). Apesar de não se encontrar directamente imposta a publicação dessa deliberação, a referência a esse acto efectuada nesta norma (para a qual também remete o art.º 131.º, n.º 2, do C.S.C., que regula o exercício do direito de oposição à deliberação de transformação pelos sócios titulares de direitos especiais) cria a necessidade dessa deliberação ser publicada. Pretende-se assegurar uma protecção aos sócios que não participaram na reunião onde se aprovou a transformação da sociedade. A publicação da deliberação de transformação duma sociedade por quotas deve ser efectuada no Diário da República (art.º 167.º, do C.S.C.). É, a partir da data da distribuição do número onde vem publicitada a deliberação, que se inicia a contagem do prazo de 30 dias para os sócios que a não votaram favoravelmente comunicarem a sua vontade de se exonerar.

---

[188] Nos casos em que a liquidação da quota se realizou através da sua aquisição por outro terceiros há que respeitar a restrição imposta pelo art.º 61.º, n.º 2, do C.S.C..

[189] Cfr., *supra*, pág. 55.

No direito de exoneração, com fundamento em interpelação para pagamento de entrada relativa a nova quota, resultante de aumento de capital, o antigo sócio que pretenda exonerar-se deve efectuar a sua declaração de intenções à sociedade no prazo de 30 dias após ter-se verificado aquela interpelação (art.º 207.º, n.º 2, do C.S.C.).

Quando o direito de exoneração tenha por fundamento a oposição a projecto de fusão ou cisão, o sócio dissidente deve apresentar a sua declaração de intenção de abandonar a sociedade nos 30 dias subsequentes à data da publicação da deliberação que aprovou aquele projecto. A publicação da deliberação de fusão ou cisão duma sociedade por quotas deve ser efectuada no Diário da República (art.º 167.º, do C.S.C.). É, a partir da data da distribuição do número onde vem publicitada a deliberação, que se inicia a contagem do prazo de 30 dias, para os sócios que votaram contra comunicarem a sua vontade de se exonerarem.

Nos termos do art.º 331.º, n.º 1 e 2, do C.C., a caducidade pode ser impedida pela prática do acto a que a lei atribui esse efeito ou pelo reconhecimento do direito por parte daquele contra quem deve ser exercido.

O acto a que lei atribui efeito impeditivo é a declaração do sócio, manifestando a sua vontade de abandonar a sociedade, pelo que esta impede a caducidade, se for emitida dentro dos prazos acima enunciados. A data que releva, como factor impeditivo da caducidade, é a da sua expedição para a sociedade e não a da sua recepção, uma vez que este acto é um *quid pluris* que se limita a conferir-lhe eficácia[190].

Este reconhecimento, com capacidade impeditiva da caducidade dos direitos, é apenas aquele que produz o mesmo resultado que se alcançaria com a prática tempestiva do acto a que a lei atribui efeito impeditivo[191], pelo que, apesar de ultrapassado o prazo de emissão

---

[190] DANILO GALLETI, em *Il recesso nelle società di capitali*, pág. 453-454.

[191] VAZ SERRA, em *Prescrição extintiva e caducidade,* no B.M.J. n.º 107, pág. 232, PIRES DE LIMA e ANTUNES VARELA, em *Código Civil anotado,* vol. I, pág. 296, e os seguintes acórdãos da Relação do Porto, relatados por JORGE VASCONCELOS:
– de 23-1-1986, na C.J., Ano XI, tomo 1, pág. 270.
– de 25-6-1987, na C.J., Ano XII, tomo 3, pág. 212.

da declaração de exoneração, se a sociedade proceder à extinção da participação social a pedido tardio do sócio que se pretende desvincular, o direito de exoneração não se extinguiu, tendo-se realizado de forma válida.

Nos direitos de exoneração fundamentados em causa legal, os prazos de caducidade estabelecidos na lei não podem ser afastados ou alterados pelo acordo dos sócios, uma vez que se encontram estabelecidos em matéria subtraída à sua disponibilidade (art.º 330.º, n.º 1, do C.S.C.)[192]. Já, nos direitos de exoneração de origem convenciona,l os sócios poderão estabelecer os prazos de caducidade que entenderem, sendo aplicável o prazo de 90 dias do art.º 240.º, n.º 3, do C.S.C., se nada dispuserem, com excepção dos direitos de origem convencional especialmente previstos nos art.º 105.º e 226.º, do C.S.C., onde se impõem determinados prazos de caducidade.

3. A extinção da participação social

Recebida a declaração acima analisada, a sociedade deve, no prazo de 30 dias, amortizar a quota, adquiri-la ou fazê-la adquirir por sócio ou terceiro (art.º 240.º, n.º 3, 2.ª parte, do C.S.C.)[193].

Após o sócio ter efectuado a comunicação de ser seu desejo abandonar a sociedade, deve esta tomar uma decisão sobre a pretensão recebida.

Esta decisão só pode ser tomada por deliberação dos sócios, não só porque os actos de amortização e alienação da quota exigem essa forma de decisão (art.º 246.º, n.º 1, b) do C.S.C.), mas também porque a consequência da opção por uma posição de recusa pode ser

---

[192] Cfr., *supra*, pág. 86.

[193] Apesar de no direito de exoneração, como protecção aos sócios que discordaram da aprovação de projecto de fusão ou cisão, apenas se referir à possibilidade da sociedade adquirir a quota ou fazê-la adquirir por terceiro, nas sociedades por quotas deve também ser possível à sociedade optar pela sua amortização, nos termos do art.º 240.º, n.º 2, do C.S.C.

Neste sentido, opina RAÚL VENTURA, em *Fusão, cisão, transformação de sociedades*, pág. 143.

a dissolução da sociedade (art.º 240.º, n.º 3, *in fine*, do C.S.C.), o que também compete aos sócios deliberar (art.º 246.º, n.º 1, i), do C.S.C.). Esta deliberação deve, em regra [194], ser tomada por maioria dos votos emitidos, não se considerando entre estes as abstenções (art.º 250.º, n.º 3, do C.S.C.). Na deliberação não pode intervir o sócio que se pretende exonerar, uma vez que estamos perante uma situação de conflito dos interesses deste e da sociedade (art.º 251.º, n.º 1, do C.S.C.) [195]. Apesar da deliberação sobre a proposta de exoneração não ter sido incluída nos exemplos de deliberações que encerram um conflito de interesses, constantes das alíneas do art.º 251.º, do C.S.C., ela tem essas características, uma vez que potencialmente se verifica uma contraposição dos interesses do sócio em abandonar a sociedade, recebendo uma contrapartida pela extinção da sua participação, e os interesses desta que poderão direccionar-se no sentido da permanência desse sócio. Perante este potencial conflito, o sócio que pretende exonerar-se está impedido de participar na respectiva votação, por se encontrar abrangido pela cláusula geral de impedimento de voto, constante do corpo do n.º 1, do art.º 251.º, do C.S.C. [196].

A sociedade deve, em primeiro lugar, apreciar a veracidade do fundamento invocado para a exoneração, se este se insere nas causas legais ou convencionais estipuladas e se o sócio tem legitimidade e está em prazo para deduzir a declaração de exoneração.

Se não se verificarem estes requisitos, pode a sociedade recusar a pretensão do sócio [197], e, se desejar esclarecer a existência de dúvi-

---

[194] Como toda a regra comporta a excepção da aprovação da amortização da quota, acompanhada de redução de capital, uma vez que esta operação exige uma deliberação aprovada com uma maioria qualificada de ¾ dos votos correspondentes ao capital social, ou número ainda mais elevado de votos, exigido pelo contrato de sociedade (art.º 265.º, n.º 1, do C.S.C.).

[195] Em sentido contrário, RAÚL VENTURA, em *Sociedade por quotas,* vol. II, pág. 34.

[196] O impedimento de participação na votação não abrange a presença na reunião (art.º 248.º, n.º 5, do C.S.C.), pelo que o sócio que se pretende exonerar deve ser convocado para esta onde a assembleia de sócios vai apreciar o seu pedido.

[197] A falta de requisitos para a exoneração do sócio, todavia, não impede a sociedade de proceder com o acordo daquele à amortização da quota, à sua alienação, ou à sua cedência a um terceiro, desde que se verifiquem os requisitos que permitem estes actos.

das sobre a constituição do direito de exoneração, poderá propor uma acção de simples apreciação negativa[198], visando a declaração judicial da inexistência deste direito. Nesta acção, recairá sobre o sócio o ónus da prova dos factos constitutivos do direito (art.º 343.º, n.º 1, do C.C.) e sobre a sociedade a prova dos factos impeditivos (v.g. a circunstância da quota não se encontrar liberada) ou extintivos (v.g. a sua caducidade). A propositura desta acção não inibe o sócio de requerer a dissolução judicial da sociedade, nos termos do art.º 240.º, n.º 3, do C.S.C., nem suspende o prazo que dispõe para o fazer, podendo apenas constituir causa prejudicial que determine a suspensão da instância da acção de dissolução (art.º 279.º, do C.P.C.).

A deliberação de recusa de exoneração do sócio requerente não pode ser impugnada por este com fundamento na verificação dos requisitos do direito de exoneração, sendo-lhe facultada apenas a possibilidade de requerer a dissolução judicial da sociedade. É nesta acção judicial que se apurará da existência do direito de exoneração.

Verificada a existência de todos os requisitos da exoneração de um sócio, deve a sociedade escolher um de entre os três meios que a lei lhe proporciona para executar a exoneração – a amortização da quota, a sua aquisição, ou a sua alienação a outro sócio, ou terceiro[199].

---

[198] RAÚL VENTURA, em *Sociedades por quotas*, vol. II, pág. 32-33.

[199] A lei também concede a opção por estes três meios noutras situações, como a amortização de quotas forçada (art.º 232.º, n.º 5, do C.S.C.) e a não transmissão de quota aos sucessores do sócio falecido, devido a estipulação do contrato de sociedade (art.º 225.º, n.º 2, do C.S.C.).

Os Anteprojectos e o Projecto do C.S.C. apenas previam a possibilidade de amortização da quota e da sua transmissão a outro sócio ou terceiro.

O C.O. Suíço (art.º 822, n.º 4) e o C. Comercial de Macau (art.º 369.º, n.º 4 e 368.º, n.º 4) também admitem as três hipóteses previstas no C.S.C. para a sociedade dar um destino à quota do sócio exonerado.

A *Ley* 2/1995 espanhola apenas admite a amortização da quota, com redução do capital social. Esta redução é efectuada pelo administrador da sociedade sem necessidade de deliberação dos sócios nesse sentido (art.º 102, n.º 1), estando sujeita à oposição dos credores, nos termos do art.º 103.

Mas AGUSTÍN AGUILERA RAMOS, em *El derecho de separación del socio*, em *Derecho de sociedades de responsabilidad limitada*, pág. 1019, defende que nada impede que entre a declaração de exoneração e o acto de amortização da

Se é irrelevante a preferência do sócio por um desses meios, não pode este também opor- -se à opção tomada pela sociedade. Mas a escolha não é totalmente livre, uma vez que a amortização e a aquisição da quota pela sociedade dependem de determinados requisitos que, na altura, podem não se verificar (na amortização, a situação líquida da sociedade, depois de satisfeita a contrapartida, não pode ficar inferior à soma do capital e da reserva legal, nos termos do art.º 236.º, n.º 1, do C.S.C., e na aquisição da quota pela sociedade, esta deve dispor de reservas livres em montante não inferior ao da contrapartida, nos termos da interpretação restritiva do art.º 220.º, n.º 2, do C.S.C. [200]).

---

quota, através da redução de capital, se permita a aquisição da quota por outro sócio, ou terceiro.

No direito italiano, anteriormente à reforma de 2003, perante o silêncio da lei, a doutrina e a jurisprudência admitiam que a sociedade adquiria a quota, se pagasse a respectiva contrapartida com fundos disponíveis, sem atingir o capital social, e amortizava-a, se não dispusesse desses fundos, procedendo então à redução do capital. Vide, neste sentido, FRANCESCO FERRARA jr. e FRANCESCO CORSI, em *Gli imprenditori e le società*, pág. 621, GIOVANNI GRIPO, em *Il recesso del socio*, em *Trattato delle società per azioni*, de G.E. Colombo e G.B. Portale, vol. 6*, pág. 183, DANILO GALLETI, em *Il recesso nelle società di capitali*, pág. 467, e DEBORAH SPEDICATI, em *Il diritto di recesso: il rimborso del recedente*, em Rivista delle società, ano 38 (1993), pág. 681-683. Discutia-se se os credores sociais se podiam opor à pretensão de redução do capital social, ou se esta era obrigatória de modo a possibilitar a amortização da quota. Neste último sentido, opinava GIOVANNI GRIPO, em *Il recesso del socio*, em *Trattato delle società per azioni*, de G.E. Colombo e G.B. Portale, vol. 6*, pág. 186-187, DEBORAH SPEDICATI, em *Il diritto di recesso: il rimborso del recedente*, em "Rivista delle società", Ano 38.º (1993), pág. 682-683, e DANILO GALETTI, em *Il recesso nelle società di capitali*, pág. 261-267.

Com as alterações introduzidas pelo Decreto n.º 6/2003, a quota do sócio que se exonerou ou é adquirida pelos outros sócios, de forma proporcional ao valor das suas quotas, ou por terceiro. Se estas hipóteses não se concretizarem a aquisição é feita pela própria sociedade, utilizando reservas disponíveis, ou no caso destas não existirem, mediante redução do capital social.

O Projecto Alemão de reforma das sociedades por quotas de 1971 (§ 211 do *Regierungsentwurf*), previa a possibilidade da sociedade ceder a quota do sócio dissidente a outro sócio, a terceiro ou a si própria, ou então amortizá-la.

[200] Cfr. *infra*, pág. 124, a interpretação restritiva do art.º 220.º, n.º 2, do C.S.C..

Como a verificação destes requisitos depende sempre do valor da contrapartida a pagar ao sócio que se pretende exonerar e a fixação deste valor resulta de um processo [201] que exige a participação desse sócio, o qual pode revelar-se algo demorado [202], muitas vezes será necessário suspender o acto deliberativo para que se apure esse valor, ou efectuar um cálculo provisório do mesmo, de modo a permitir aos sócios optar pelo meio técnico de exoneração possível que se revele mais vantajoso para a sociedade.

A deliberação que admita a exoneração do sócio, com opção pelo meio de efectuar a execução desse direito, pode ser judicialmente impugnada por outro sócio que dela discorde. Se este conseguir a suspensão dessa deliberação, nos termos do art.º 396.º, do C.P.C., a sociedade ficará impedida de executar a deliberação no prazo indicado no art.º 240.º, n.º 3, do C.S.C., o que permitirá ao sócio que se pretende exonerar requerer a dissolução da sociedade, uma vez que resultando a ultrapassagem desse prazo de divergências internas da própria sociedade é imputável a esta o incumprimento [203].

A operação da amortização da quota encontra-se mais extensamente regulada no C.S.C. do que as operações de aquisição da quota e da sua transmissão para outro sócio ou terceiro. Uma vez que todas elas tem como efeito o fim da participação social do sócio que pretende abandonar a sociedade e como a própria figura da amortização prevê a possibilidade de ser substituída pelos outros meios de concretização do direito de exoneração (art.º 232.º, n.º 5, do C.S.C.), justifica-se a aplicação das regras da amortização à aquisição de quotas próprias e da sua transmissão para outro sócio ou terceiro, em tudo o que não se encontre especialmente previsto e se revele adequado à natureza e finalidade destes actos.

---

[201] Cfr., *infra*, pág. 133-138.
[202] O que sucederá inevitavelmente, se for necessário efectuar uma avaliação judicial do valor real da quota.
[203] RAÚL VENTURA, em *Sociedades por quotas,* vol. II, pág. 33.

3.1. A amortização da quota

Este é o meio técnico de concretização da exoneração de um sócio, em que a sua quota se extingue verdadeiramente, deixando de existir.

Se o pacto social não estipular que a quota amortizada figure no balanço como tal, a extinção da participação do sócio exonerado pode ser efectuada acompanhada duma operação de redução do capital social no valor equivalente ao da quota suprimida, ou através do aumento proporcional das quotas dos restantes sócios (art.º 237.º, do C.S.C.).

Optando-se pela redução simultânea do capital social, esta deliberação deverá ser tomada em assembleia especialmente convocada para o efeito (art.º 94.º, do C.S.C.), exigindo uma maioria qualificada de ¾ dos votos correspondentes ao capital social, ou número ainda mais elevado de votos imposto pelo contrato de sociedade (art.º 265.º, n.º 1, do C.S.C.), uma vez que estamos perante uma alteração duma cláusula do contrato social. Como esta medida é susceptível de causar prejuízos aos credores, ela só poderá ser consignada em escritura pública e inscrita no registo comercia, após ter sido concedida autorização judicial para essa operação (art.º 95.º, n.º 1, do C.S.C.). O processo judicial para obter essa autorização é o de jurisdição voluntária, previsto no art.º 1487.º, do C.P.C..

A amortização da quota que não seja acompanhada de redução do capital e não estando prevista a sua inscrição no balanço da sociedade, provoca necessariamente o aumento proporcional das quotas dos outros sócios, de modo a estas perfazerem o valor do capital social (art.º 237.º, n.º 1, do C.S.C.). Como escreveu o Prof. Raul Ventura, *"as outras quotas dilatam-se para abranger o espaço deixado vazio por aquela extinção"* [204]. Dispõe o n.º 2 do art.º 237.º, do C.S.C., que *"os sócios devem fixar o novo valor nominal das quotas, e os gerentes outorgarão a correspondente escritura pública, salvo se a acta daquela deliberação for lavrada por notário"*.

---

[204] Em *Sociedades por quotas,* vol. I, pág. 750.

Esta fixação é uma simples operação aritmética que consiste em distribuir o valor da quota amortizada pelas quotas restantes, aumentando-lhes o valor absoluto, mas mantendo a proporção entre elas.

É antiga a polémica sobre se a amortização de quotas consubstancia ou não uma alteração do contrato social, necessitando por isso a respectiva deliberação duma aprovação por uma maioria qualificada [205]. Nesta situação mantém-se o valor do capital social e a proporção das quotas sobrantes, alterando-se o valor absoluto destas, que aumenta, desaparecendo uma quota. Se é inegável que esta operação provoca uma alteração do texto do contrato social (o número de quotas diminui, desaparecendo um titular, e aumenta o valor das outras quotas), é necessário apurar se essa alteração tem a relevância suficiente para a qualificarmos juridicamente como uma alteração do contrato social, para os efeitos do art.º 265.º, n.º 1, do C.S.C..

A alteração juridicamente relevante é a que, por vontade livre dos sócios, afecta o conteúdo e o sentido do contrato, modificando

---

[205] Anteriormente à aprovação do C.S.C., RAÚL VENTURA, em *Amortização de quotas. Aquisição de quotas próprias,* pág. 111-114, tinha sustentado que a amortização de quotas se traduzia numa alteração do pacto social.

Posição contrária, defenderam SANTOS LOURENÇO, em *Das sociedades por quotas...,* 1.º vol., pág. 282, FERRER CORREIA, em *A nova sociedade por quotas de responsabilidade limitada no direito português,* na S.I., Ano XXXV, pág. 355, GAMA PRAZERES, em *Sociedades por quotas e anónimas,* pág. 63, a R.T. em anotações publicadas, nos Anos 91.º, pág. 332, e 88.º, pág. 279, e os seguintes acórdãos do S.T.J.:
– de 13-4-1962, no B.M.J. n.º 116, pág. 517, relatado por JOSÉ OSÓRIO;
– de 29-6-1973, na R.T., Ano 91, pág. 323, relatado por OLIVEIRA CARVALHO.

Posteriormente à aprovação do C.S.C., BRITO CORREIA, em *Direito comercial,* 2.º vol., pág. 445, e PEREIRA DE ALMEIDA, em *Sociedade por quotas* pág. 72-75, pronunciaram-se no sentido da amortização consistir numa alteração do contrato social

Em sentido contrário, opinaram FERRER CORREIA, em *A sociedade por quotas de responsabilidade limitada, segundo o Código das Sociedades Comerciais,* na R.O.A., Ano 47, n.º III, pág. 695-696, ABÍLIO NETO, em *Notas práticas ao Código das Sociedades Comerciais,* pág. 334, ANTÓNIO SOARES, em *O novo regime de amortização de quotas,* pág. 109-115, COUTINHO DE ABREU, em *Curso de direito comercial,* vol. II, pág. 409-410, e JOÃO LABAREDA, em *Direito societário português – algumas questões,* pág. 245.

os equilíbrios da relação negocial anteriormente estabelecida, estando excluída a substituição dos seus sujeitos[206]. Daí que se exija uma maioria mínima de _ dos votos que representam o capital social para a sua aprovação.

A deliberação de resposta a um pedido de exoneração não encerra uma vontade livre de extinção duma participação social, limitando-se a vontade social a averiguar da existência de um dever de libertar aquele sócio do vínculo societário e a escolher o meio técnico pelo qual é mais conveniente para a sociedade concretizar essa libertação. Se a aquisição da quota pela sociedade ou a sua transmissão a outro sócio ou terceiro não suscitam dificuldades, uma vez que se traduzem numa simples substituição na titularidade da quota do sócio exonerado, já a sua extinção, em consequência da operação de amortização, determina a eliminação duma participação social que altera a estrutura de composição da sociedade. Será que esta última opção, pelas consequências que provoca, exige que seja aprovada por uma maioria mais alargada do que aquela que é necessária para a aprovação dos outros meios técnicos de concretização do direito de exoneração?

Entendemos que o actual C.S.C. tomou posição inultrapassável nesta questão ao exigir apenas uma maioria simples para aprovação das operações de amortização (art.º 234.º, do C.S.C.), contrariando o que propunha o seu Projecto (art.º 217.º, n.º 2), que exigia uma maioria idêntica à deliberação de dissolução da sociedade[207]. Entendeu-se que, sendo apenas possível proceder à amortização das quotas nos casos previstos na lei ou nos estatutos, a respectiva alteração contratual tinha uma origem legal ou convencional, limitando-se a deliberação social a accionar esses mecanismos, pelo que não se justificava a sua aprovação por uma maioria alargada. E a circunstância da operação de distribuição do valor nominal da quota extinta pelo montante das outras quotas dever constar de deliberação, não altera esta conclusão. Estamos perante um mero preenchimento natu-

---

[206] RAÚL VENTURA, em *Alterações do contrato de sociedade,* pág. 17-19.

[207] A tese subjecente à solução do Projecto era a de que a amortização da quota se traduzia numa dissolução parcial da sociedade.

ral do espaço deixado vazio por aquela extinção, consubstanciado numa operação aritmética em que a vontade dos sócios nada pode alterar. É uma exigência que apenas pretendeu conferir uma certeza à vontade destes optarem por uma amortização sem redução de capital[208]. Não há, pois, nesta situação qualquer deliberação que provoque voluntariamente uma alteração do conteúdo da relação societária, justificativa da exigência da sua aprovação por uma larga maioria de votos representativos do capital social.

Se o contrato de sociedade impuser que a quota figure no balanço como quota amortizada (art.º 237.º, n.º 3, do C.S.C.)[209], verifica-se uma redução interna do capital, mantendo-se, porém, este para efeitos externos. A quota está extinta, não pertencendo nem à sociedade, nem aos restantes sócios, mantendo-se apenas o seu valor como integrando o capital social, de modo a não serem atingidos os interesses dos credores da sociedade[210]. O art.º 237.º, n.º 3, do C.S.C. permite que, nestes casos, se estipule que a sociedade possa futuramente criar uma ou várias quotas, no lugar da quota amortizada, destinadas a serem alienadas aos sócios ou a terceiros, de modo a evitar que a quota amortizada fique eternamente sepultada no balanço da sociedade. Mas as quotas que se venham a criar não correspondem a uma ressurreição da quota extinta, sendo quotas novas que vêm ocupar o lugar deixado vago por aquela.

Com excepção da amortização acompanhada de redução de capital, esta operação só pode ser efectuada quando à data da deliberação a sua situação líquida, depois de satisfeita a contrapartida da amortização, não ficar inferior à soma do capital e da reserva legal (art.º 236.º, n.º 1, do C.S.C.)[211]. A exigência deste requisito visou garantir,

---

[208] FERRER CORREIA, em *A sociedade por quotas de responsabilidade limitada, segundo o Código das Sociedades Comerciais,* na R.O.A., Ano 47, n.º III, pág. 699-700.

[209] Esta opção só pode ocorrer quando o pacto social a preveja, não podendo resultar casuisticamente de deliberação dos sócios.

[210] RAÚL VENTURA, em *Sociedades por quotas,* vol. I, pág. 755.

[211] A reserva legal é um fundo a constituir obrigatoriamente pela sociedade, com uma percentagem dos lucros anuais da sociedade (art.º 218.º, n.º 1 e 295.º, n.º 1, ambos do C.S.C.), que só pode ser utilizado para as finalidades

por um lado, que o pagamento da contrapartida ao sócio que viu a sua quota amortizada não diminuísse o património da sociedade, de modo a privá-la do seu capital social, protegendo-se assim os credores, e, por outro lado, que a reserva legal não fosse utilizada para finalidade não permitida por lei.

A verificação deste requisito exige que se apure a situação líquida da sociedade e que se lhe deduza o valor da contrapartida a pagar ao sócio que se pretende exonerar. O resultado obtido não pode ser inferior à soma do capital social com a reserva legal [212], sob pena da quota não poder ser amortizada.

Esta situação deve ocorrer não só à data da deliberação, mas também na data do vencimento da obrigação de pagamento da contrapartida pela amortização da quota[213], o que reforça a protecção à posição dos credores[214]. Como na data da deliberação de amortização ainda não se encontra definitivamente fixado o valor da contrapartida, deverá ser efectuado um cálculo provisório desse montante[215].

---

tipificadas nas alíneas do art.º 296.º, do C.S.C.: *"a) para cobrir a parte do prejuízo acusado no balanço do exercício que não possa ser coberto pela utilização de outras reservas; b) para cobrir a parte dos prejuízos transitados do exercício anterior que não possa ser coberto pelo lucro do exercício nem pela utilização de outras reservas; c) para incorporação no capital".*

[212] Nas sociedades por quotas, a reserva legal tem, actualmente, o limite mínimo de 2.500 € (art.º 218.º, n.º 2, do C.S.C.).

[213] Cfr., *infra*, pág. 137.

[214] FERRER CORREIA, em *A sociedade por quotas de responsabilidade limitada, segundo o Código das Sociedades Comerciais,* na R.O.A., vol. III, pág. 698--699, criticou este duplo controle, defendendo ser suficiente, para protecção dos credores, que o mesmo se verificasse na data do vencimento da obrigação de pagamento da contrapartida.

O legislador terá pensado que, se a situação líquida da sociedade já não permitisse a amortização da quota na data da deliberação, não valia a pena iniciar essa operação, na expectativa de uma melhoria da situação patrimonial, atentas as perturbações inerentes às operações de retrocesso, em consequência do fracasso duma previsão optimista.

[215] BRITO CORREIA, em *Direito comercial,* 2.º volume, pág.425-426.

A outra alternativa poderá ser a suspensão do processo deliberativo, até se obter a fixação definitiva do montante da contrapartida a pagar ao sócio que se pretende exonerar.

Se a sociedade antecipar o pagamento da contrapartida, deve verificar-se nessa data o desafogo patrimonial para efectuar a amortização [216]. Quando o pagamento deva ser efectuado em duas prestações, por falta de previsão estatutária em contrário (art.º 240.º, n.º 4, e 235.º, n.º 1, b), do C.S.C.), esse requisito deve ser verificado na data de vencimento de cada uma das prestações.

É aos gerentes encarregados de proceder ao pagamento da contrapartida, que compete proceder à verificação deste requisito.

Caso se verifique só após a deliberação de amortização, que a situação líquida da sociedade não permite o pagamento da contrapartida definitivamente fixada [217], o sócio que pretende a exoneração pode optar entre a espera pelo pagamento, até que a situação líquida da sociedade o permita, ou requerer a dissolução da sociedade (art.º 240.º, n.º 5, do C.S.C.). Nesta última hipótese, a amortização fica sem efeito e o interessado deve restituir à sociedade as quantias que porventura haja recebido (art.º 236.º, n.º 3, do C.S.C.), mantendo-se na titularidade da quota e regressando o valor nominal das quotas dos outros sócios ao montante anterior à operação de amortização, no caso da quota amortizada não figurar no balanço da sociedade. O mesmo sucederá se o sócio não tomar qualquer atitude perante a impossibilidade de amortização da quota.

A opção do sócio deve ser comunicada à sociedade, por escrito, nos 30 dias seguintes àquele em que lhe tiver sido comunicada a impossibilidade de pagamento pelo referido motivo (art.º 236.º, n.º 5, do C.S.C.) [218], sob pena da amortização efectuada ficar sem efeito, decorrido aquele prazo.

Estamos perante uma *conditio iuris* resolutiva [219], uma vez que, comunicada ao sócio a impossibilidade da sociedade proceder ao

---

[216] RAÚL VENTURA, em *Sociedades por quotas*, vol. I, pág. 736.

[217] Isso pode suceder, por deficiente cálculo da contrapartida a pagar no acto de deliberação.

[218] Se a sociedade demorar a comunicação ao sócio dos motivos pelos quais não procedeu ao pagamento da contrapartida da amortização, deve o sócio exercer o seu direito à informação.

[219] ANTÓNIO SOARES, em *O novo regime de amortização de quotas*, pág. 34 e 145-146 e PEREIRA DE ALMEIDA, em *Sociedade por quotas*, pág. 78.

pagamento da contrapartida fixada, este pode requerer a dissolução da sociedade, o que implica necessariamente a resolução da amortização, com os consequentes efeitos retroactivos (a reaquisição da qualidade de sócio e a devolução das quantias eventualmente recebidas)[220]. Esta condição resolutiva imprópria opera automaticamente, se o sócio nada disser perante aquela comunicação da sociedade.

Mas, se o sócio optar por esperar que a sociedade adquira capacidade patrimonial para efectuar o pagamento da contrapartida devida, verifica-se uma modificação do prazo de vencimento desta obrigação. Esta passa a ser *cum potuerit*, só sendo exigível quando a sociedade se encontrar em condições de cumprir, considerando-se a quota amortizada.

A amortização realizada com violação do requisito exigido pelo art.º 236.º, n.º 1, do C.S.C., é nula por desrespeitar proibição legal[221].

Quando apenas um dos contitulares de uma quota se pretende exonerar, podem os sócios deliberar que a quota seja dividida, em conformidade com o título donde tenha resultado a contitularidade, desde que o valor nominal das quotas, depois da divisão, não seja inferior a 50 € (art.º 238.º, n.º 1, do C.S.C.). Encontramo-nos perante uma divisão de quotas imposta pela sociedade aos contitulares, nada impedindo que estes tenham procedido anteriormente a essa divisão, por negócio, nos termos do art.º 221.º, do C.S.C.. A divisão, imposta pela sociedade, não pode ser efectuada quando nos encontrarmos perante uma quota pertencente a uma herança, cuja partilha deva ser efectuada em inventário obrigatório, uma vez que todos os bens da herança devem aí ser partilhados. A divisão da quota, após a deliberação da sociedade nesse sentido, deve ser celebrada por escritura pública (art.º 221.º, n.º 2, do C.S.C.). Efectuada essa divisão, é amortizada a quota do contitular que se pretende exonerar (art.º 238.º, n.º 2, do C.S.C.).

---

[220] MARIA AUGUSTA FRANÇA, em *Direito à exoneração*, em *Novas perspectivas do direito comercial*, pág. 224.

[221] No mesmo sentido, decidiu o acórdão do S.T.J. de 24-6-1993, no B.M.J. n.º 428, pág. 625, relatado por SAMPAIO DA SILVA.

Quando a amortização da quota é efectuada acompanhada de redução do capital, este último acto deve ser celebrado por escritura pública, após ter sido concedida a necessária autorização do tribunal (art.º 85.º, n.º 3 e 95.º, n.º 1, do C.S.C.). Se a amortização não é acompanhada de redução de capital, e não se estipulou que a quota extinta figure no balanço como quota amortizada, os gerentes deverão lavrar escritura pública do aumento do valor das restantes quotas (art.º 237.º, n.º 2, do C.S.C.). Para o acto de amortização, basta a deliberação dos sócios neste sentido, a qual deve ser consignada em acta. Esta deliberação deve, porém, mencionar expressamente a verificação do requisito da capacidade patrimonial da sociedade para proceder à amortização da quota, sem afectar o capital social e a reserva legal (art.º 236.º, n.º 2, do C.S.C.)[222]. Esta exigência formal *ad substantiam* visa obrigar a assembleia de sócios a verificar esse requisito, tendo o seu incumprimento, como consequência, a nulidade da deliberação, por violar norma imperativa[223].

Contudo, a amortização apenas se torna eficaz com a sua comunicação ao titular da respectiva quota (art.º 234.º, n.º 1, do C.S.C.). A comunicação deve ser efectuada pelos gerentes da sociedade e não a dispensa o facto do sócio cuja quota foi amortizada se encontrar presente na reunião que a deliberou[224]. Esta comunicação não está sujeita a qualquer formalismo[225] e adquire eficácia logo que os seus termos são conhecidos pelo destinatário – o sócio que se pretende exonerar – ou quando esse conhecimento não ocorre por culpa deste (art.º 224.º, n.º 1 e 2, *ex vi* do art.º 295.º, ambos do C.C.). Uma vez que é esta comunicação que confere eficácia ao acto de amortização,

---

[222] Caso se tenha procedido à decisão de amortização, com base apenas num cálculo informal e provisório do valor da contrapartida a pagar, deve a respectiva deliberação mencionar tal facto.

[223] RAÚL VENTURA, em *Sociedades por quotas,* vol. I, pág. 736, ANTÓNIO SOARES, em *O novo regime de amortização das quotas,* pág. 94, e o acórdão do S.T.J. de 24-6-1993, no B.M.J. n.º 428, pág. 625, relatado por SAMPAIO DA SILVA.

[224] RAÚL VENTURA, em *Sociedades por quotas,* vol. I, pág. 713, e BRITO CORREIA, em *Direito comercial,* 2.º vol., pág. 427.

[225] Atenta a relevância desta comunicação, deveria exigir-se a forma escrita.

a mesma só deve ser efectuada após ter sido fixado o montante da contrapartida a pagar, mencionando precisamente esse valor.

A amortização de quotas está ainda sujeita a registo (art.º 3.º, i), do C.R.C.).

3.2. A aquisição da quota pela sociedade

Outro dos destinos que a sociedade pode dar à quota do sócio que se pretende exonerar é a sua aquisição para si própria (art.º 240.º, n.º 3, do C.S.C.)[226].

O nosso sistema admite a possibilidade de aquisição de quotas próprias pela sociedade (art.º 220.º, do C.S.C.), o que não viola a proibição contida no art.º 18.º, n.º 1, da 2.ª Directiva do Conselho das Comunidades Europeias, de 13-12-1976 (Directiva n.º 77/91/CEE), que apenas atinge as sociedades anónimas.

Neste meio de execução do direito de exoneração, a sociedade adquire para si a quota do sócio que se exonera, integrando-a no seu património. Apesar de cessar a participação deste sócio na sociedade, a sua quota não se extingue, transmitindo-se antes para o património daquela e aí permanecendo até que a sociedade decida aliená-la ou extingui-la.

O art.º 220.º, n.º 2, do C.S.C., apenas permite a aquisição da quota pela sociedade se esta dispuser de reservas livres[227], em montante não inferior ao dobro da contrapartida a pagar pela transmissão. Pretende-se, com esta exigência, manter o capital social intangível, apenas podendo ser aplicadas na aquisição da quota património que não deva garantir os credores. Estes não correm o risco de não se conseguir realizar o dinheiro, pago com a venda da quota adquirida.

---

[226] Mas, se o pacto social proibir a aquisição de quotas pela sociedade, esta terá de utilizar um dos outros dois meios técnicos que a lei lhe faculta para executar o direito de exoneração de um sócio – a amortização da quota ou a sua transmissão a outro sócio ou terceiro.

[227] Nestas reservas devem incluir-se as que se encontram constituídas precisamente para aquisição de quotas próprias.

Exigiu-se que essas reservas livres somassem o dobro da contrapartida a pagar, porque o art.º 324.º, n.º 1, b), do C.S.C., aplicável à aquisição de quotas próprias por remissão do art.º 220.º, n.º 4, do C.S.C., impunha que, enquanto essas quotas pertencessem à sociedade, deveria existir uma reserva indisponível, de montante igual àquele por que elas fossem contabilizadas (normalmente o valor da sua aquisição)[228]. Metade das reservas livres exigíveis eram para pagar a aquisição da quota e a outra metade a constituir esta reserva obrigatória, normalmente no mesmo montante do preço de aquisição. Daí que se exigisse a disponibilidade do dobro do valor desse preço.

A obrigatoriedade legal de constituição daquela reserva resultava do disposto no art.º 22.º, n.º 1, b), da 2.ª Directiva do Conselho da Comunidade Europeia, de 13-12-1976 (Directiva n.º 77/91/CEE) – *"Se essas acções* (acções próprias) *forem contabilizadas no activo do balanço, deve ser criada uma reserva indisponível de montante igual"*. Quando foi aprovado o C.S.C., o Plano Oficial de Contabilidade (POC), constante do D.L. 47/77, de 7-2, mandava inscrever as acções e quotas próprias no activo do balanço, pelo que o legislador impôs a criação da reserva sem a condicionar àquela inscrição, como constava da transcrito preceito da 2.ª directiva e da alínea b), do art.º 312.º, do Projecto do C.S.C.. Todavia, o novo POC, aprovado pelo D.L. n.º 410/89, de 21-11, determinou que as acções e quotas próprias passassem a constar no balanço em dedução do capital social, isto é, como valores negativos deste e não valores activos da sociedade, deixando-se de justificar a constituição da referida reserva[229].

Esta alteração das regras da contabilidade das sociedades revela a necessidade de efectuar uma interpretação restritiva do disposto no art.º 324.º, n.º 1, b), do C.S.C., de modo a que a exigência da reserva aí imposta só ocorra quando as acções ou quotas devam ser inscritas no activo do balanço da sociedade. Dado que as actuais regras de contabilidade não determinam essa inscrição, não é actualmente apli-

---

[228] RAÚL VENTURA, em *Sociedades por quotas,* vol. I, pág. 449-450.
[229] RAÚL VENTURA, em *Estudos vários sobre sociedades anónimas,* pág. 395, e GONÇALVES DA SILVA E ESTEVES PEREIRA, em *Contabilidade das sociedades,* pág. 168.

cável aquele normativo, não sendo exigível a constituição da referida reserva, na hipótese de existirem quotas ou acções próprias [230].

Assim sendo, o art.º 220.º, n.º 2, do C.S.C., também deve ser interpretado restritivamente, sendo apenas exigível que a sociedade disponha de reservas livres em montante igual ao contravalor a prestar, não se revelando necessário que disponha do dobro desse valor, uma vez que não tem que constituir a reserva exigida no art.º 324.º, n.º 1, b), do C.S.C. [231].

Este requisito deve verificar-se não só no momento em que se celebra o negócio de aquisição da quota, uma vez que o art.º 220.º, n.º 3, do C.S.C., comina com nulidade a celebração desse negócio, sem se mostrar verificada tal condição, mas também na data do vencimento da obrigação de pagamento da contrapartida pela aquisição da quota, aplicando-se por analogia o regime do art.º 236.º, n.º 3, do C.S.C., previsto para o pagamento da contrapartida da amortização [232].

---

[230] RAÚL VENTURA, em *Estudos vários sobre sociedades anónimas*, pág. 395-396 e COUTINHO DE ABREU, em *Curso de direito comercial*, pág. 387 e 391.

GONÇALVES DA SILVA e ESTEVES PEREIRA, em *Contabilidade das sociedades*, pág. 168, defendem a necessidade da eliminação da alínea b), do n.º 1, do art.º 324.º, do C.S.C..

OSÓRIO DE CASTRO, em *A contrapartida da aquisição de acções próprias*, na R.D.E.S., 1988, pág. 265 e seg., já antes da alteração das regras de contabilidade, defendia a desnecessidade de existência de bens distribuíveis pré-existentes para a criação da referida reserva, sendo agora de opinião que aquela modificação em nada alterou os fundamentos dessa desnecessidade (em *Valores mobiliários: conceito e espécies*, pág.114-115, nota 75.), no que é acompanhado por MARIA VITÓRIA ROCHA, em *Aquisição de acções próprias no C.S.C.*, pág. 275.

[231] RAÚL VENTURA, em *Estudos vários sobre sociedades anónimas*, pág. 396, e COUTINHO DE ABREU, em *Curso de direito comercial"*, pág. 394, nota 413.

[232] RAÚL VENTURA, em *Sociedades por quotas*, vol. I, pág. 452.

Caso só se verifique, após o acto de aquisição, que a situação líquida da sociedade entretanto deixou de permitir o pagamento da contrapartida, o sócio que pretende a exoneração pode optar entre a espera pelo pagamento, até que a situação líquida da sociedade o permita, ou requerer a dissolução desta (art.º 240.º, n.º 5, do C.S.C.). Nesta última hipótese, a aquisição fica sem efeito e o interessado deve restituir à sociedade as quantias que porventura haja recebido (art.º 236.º, n.º 3, do C.S.C.), mantendo-se na titularidade da quota. O mesmo sucederá se o sócio não tomar qualquer atitude perante a impossibilidade de

A verificação compete aos gerentes encarregados de executar a deliberação de aquisição e proceder ao pagamento da contrapartida. Se a sociedade antecipar o pagamento desta, é nesta data que se deve verificar o desafogo patrimonial para efectuar a amortização. Quando o pagamento deva ser efectuado em duas prestações, por falta de previsão estatutária ou acordo em contrário (art.º 240.º, n.º 4, e 235.º, n.º 1, b), do C.S.C.), esse requisito deve ser verificado na data de vencimento de cada uma das prestações.

A aquisição de quota, com violação deste requisito, é nula (art.º 220.º, n.º 3, do C.S.C.) [233].

A aquisição da quota deve ser deliberada por maioria simples e posteriormente outorgada por escritura pública, não bastando a simples deliberação dos sócios nesse sentido (art.º 228.º, n.º 1, do C.S.C., incluindo-se a aquisição da quota pela sociedade, no conceito abrangente de transmissão da quota [234]). Na escritura apenas participará o representante da sociedade que transmitirá a vontade desta, expressa pela deliberação de aquisição da quota, não havendo lugar à intervenção do sócio que se exonerou, aplicando-se o mesmo regime que se encontra previsto nas outras situações em que a sociedade pode optar entre a amortização da quota, a aquisição para si ou a transmissão para outro sócio ou terceiro [235]. Na verdade, na amortiza-

---

aquisição da quota. A opção do sócio deve ser comunicada à sociedade, por escrito, nos 30 dias seguintes àquele em que lhe tiver sido comunicada a impossibilidade de pagamento pelo referido motivo (art.º 236.º, n.º 5, do C.S.C.), sob pena da aquisição efectuada ficar sem efeito, decorrido aquele prazo.

Se o sócio optar por esperar que a sociedade adquira capacidade patrimonial para efectuar o pagamento da contrapartida devida, verifica-se uma modificação do prazo de vencimento desta obrigação. Esta passa a ser *cum potuerit*, só sendo exigível quando a sociedade se encontrar em condições de cumprir, considerando-se a quota transmitida.

[233] RAÚL VENTURA, em *Sociedades por quotas,* vol. I, pág. 451-452, admite, porém, que o acto de aquisição possa ser validamente celebrado, sob a condição suspensiva de se verificarem os requisitos dos art.º 220.º, n.º 1 e 2, do C.S.C..

[234] RAÚL VENTURA, em *Sociedades por quotas,* vol. I, pág. 583, que explica que a cessão de quotas é uma subespécie da figura mais abrangente da transmissão de quotas entre vivos (pág. 571-572).

[235] RAÚL VENTURA, em *Sociedades por quotas,* vol. II, pág. 31.

ção forçada da quota (art.º 232.º, n.º 5, do C.S.C.) e na impossibilidade de transmissão desta para os sucessores de sócio falecido, por proibição do pacto social (art.º 225.º, n.º 2, do C.S.C.), se a sociedade optar pela aquisição da quota para si, apenas outorgará na respectiva escritura o representante da sociedade (art.º 225.º, n.º 3 e 232.º, n.º 6, do C.S.C.). A ausência do transmitente da quota no acto de aquisição deve-se, nestas hipóteses, à circunstância do acto resultar do exercício de um direito pela sociedade, que lhe é conferido pela lei, e não da celebração de um contrato, acrescendo, na situação de impossibilidade de transmissão da quota para os sucessores do sócio falecido, o facto de não existir um actual titular da quota que a pudesse transmitir à sociedade. Apesar de, na exoneração de sócio, recair sobre a sociedade um dever de dar um destino à quota daquele, uma vez que se concede a esta o poder de escolha do meio utilizado para cumprir esse dever, também se pode dizer que ela tem um direito ao cumprimento, que ela exerce, amortizando a quota, adquirindo-a para si, ou transmitindo-a a outro sócio, ou terceiro. Com esse poder de escolha, ela também impõe ao sócio exonerado a aquisição da sua quota, pelo que a transmissão desta não resulta de qualquer contrato que exija a intervenção de ambas as partes, sendo suficiente a declaração de aquisição emitida pelo representante da sociedade.

Apesar da deliberação de aquisição da quota ser normalmente[236] tomada antes do processo de fixação do respectivo preço, a escritura de transmissão só deve ser outorgada após a fixação definitiva da contrapartida a pagar, a qual tem *inclusive* de constar do acto de aquisição.

Como o titular da quota não participa na celebração da escritura de aquisição desta pela sociedade, deve ser-lhe comunicada a sua realização. Tal como sucede com a amortização da quota, deve considerar-se que a sua aquisição pela sociedade apenas se torna eficaz com a comunicação ao respectivo titular. A comunicação deve ser efectuada pelos gerentes da sociedade, não está sujeita a qualquer

---

[236] A não ser que se suspenda o acto deliberativo para se proceder à fixação da contrapartida a pagar ao sócio que se pretende exonerar.

formalismo e adquire eficácia logo que os seus termos são conhecidos pelo destinatário – o sócio que se pretende exonerar – ou quando esse conhecimento não ocorra por culpa deste (art.º 224.º, n.º 1 e 2, ex vi do art.º 295.º, ambos do C.C.).

Se o sócio que se pretende exonerar for contitular de uma quota, aplicar-se-à o método previsto no art.º 238.º, do C.S.C., para as situações em que os fundamentos da amortização só abrangem um dos contitulares e que já acima se referiu [237]. Imposta a divisão da quota pela sociedade, esta adquire para si a participação resultante da divisão atribuída ao contitular que pretende exonerar-se.

A aquisição da quota pela sociedade está ainda sujeita a registo (art.º 3.º, c), do C.R.C.).

3.3. A aquisição da quota por outro sócio ou terceiro

O último meio da sociedade concretizar o direito de exoneração de um sócio é fazer adquirir a quota deste por outro sócio, ou terceira pessoa (art.º 240.º, n.º 3, do C.S.C.). Nesta operação, a quota transmite-se do património do sócio que se pretende exonerar para o património de outro sócio, ou terceiro, não se extinguindo, nem passando como quota própria pelo património da sociedade [238]. Mas é à sociedade que compete promover a transmissão da quota, negociando-a com os potenciais interessados.

Este é o único meio que pode ser utilizado, quando a situação patrimonial da sociedade não permite a amortização e a aquisição da quota, como própria, devido aos condicionalismos exigidos pelos art.º 236.º, n.º 1 e 220.º, n.º 2, do C.S.C.. Mas este meio não pode ser

---

[237] Cfr., *supra*, pág. 120.
[238] RAÚL VENTURA, em *Sociedades por quotas,* vol. I, pág. 431.
PAULO VIDEIRA HENRIQUES, em *A desvinculação unilateral ad nutum nos contratos civis de sociedade e mandato,* pág. 95, numa defesa coerente de que o direito de exoneração é um direito potestativo que se concretiza com a declaração do sócio, sustenta que neste meio se verifica a extinção da quota do sócio que se exonera pela sua declaração e a criação pela sociedade duma nova quota com o mesmo valor nominal, a qual é transmitida por esta a outro sócio ou a terceiro.

utilizado, quando o pacto social proíba a cessão de quotas, nos termos do art.º 229.º, do C.S.C., o que aliás confere precisamente aos sócios o direito a exonerarem-se da sociedade, decorridos que sejam 10 anos sobre o seu ingresso nela[239].

A alienação da quota a outro sócio deve respeitar o princípio de igual tratamento de todos os sócios, o qual impõe que seja dada igual oportunidade de adquirir a quota, ou integralmente, ou proporcionalmente dividida em várias quotas, ou em contitularidade[240]. A alienação da quota a terceiros deve respeitar as restrições estatutárias que existam, nomeadamente a atribuição de direitos de preferência aos sócios.

A aquisição da quota por outro sócio ou por terceiro deve ser deliberada por maioria simples e posteriormente outorgada por escritura pública, não bastando a simples deliberação dos sócios nesse sentido (art.º 228.º, n.º 1, do C.S.C.). Na escritura apenas participará o representante da sociedade que declarará a vontade desta, expressa pela deliberação de aquisição da quota por outro sócio ou terceiro, e o adquirente, não havendo lugar à intervenção do sócio que se exonerou, aplicando-se, por analogia, o regime previsto no art.º 225.º, n.º 3, do C.S.C., pelas razões acima mencionadas[241]. A sociedade, na prática dos actos de execução do direito de exoneração que lhe cumpre realizar, transmite a quota do sócio que se pretende exonerar para outro sócio, ou para terceiro, por contrato celebrado com este, sem que represente o titular da quota. É a lei (art.º 240.º, n.º 3, do C.S.C.) que lhe confere esse poder, em alternativa às operações de amortização e de aquisição da quota.

E o valor da contrapartida, a receber pelo sócio que se exonera, fixado nos termos do art.º 240.º, n.º 4, e 105.º, n.º 2, do C.S.C., apenas funciona como limite mínimo para a transacção da quota. Se a sociedade conseguir transmiti-la por um valor mais elevado do que aquele, será esse o valor que o sócio que se exonerou deve receber

---

[239] Cfr., *supra*, pág. 43-46.
[240] RAÚL VENTURA, em *Sociedades por quotas,* vol. I, pág. 547.
[241] Cfr., *supra*, pág. 125-126.

das mãos do adquirente, ou da sociedade, em sua substituição, nos termos da parte final do n.º 5, do art.º 240.º, do C.S.C..

Se a deliberação de aquisição da quota por outro sócio ou terceiro pode ser tomada antes do processo de fixação do respectivo preço, a escritura de transmissão só deve ser outorgada após a fixação definitiva da contrapartida mínima a pagar, a qual tem *inclusive* de constar do acto de transmissão.

Como o titular da quota não participa na celebração da escritura de aquisição desta por outro sócio ou terceiro, deve ser-lhe comunicada a sua realização. Tal como sucede com a amortização da quota, deve considerar-se que a perda desta apenas se torna eficaz com a sua comunicação ao respectivo titular. A comunicação deve ser efectuada pelos gerentes da sociedade, não está sujeita a qualquer formalismo e adquire eficácia logo que os seus termos são conhecidos pelo destinatário – o sócio que se pretende exonerar – ou quando esse conhecimento não ocorre por culpa deste (art.º 224.º, n.º 1 e 2, *ex vi* do art.º 295.º, ambos do C.C.).

Se o sócio que se pretende exonerar for contitular de uma quota, aplicar-se-à o método previsto no art.º 238.º, do C.S.C., para as situações em que os fundamentos da amortização só abrangem um dos contitulares e que já acima se referiu[242]. Imposta a divisão da quota pela sociedade, esta transmite para o outro sócio ou terceiro adquirente a partcipação resultante da divisão atribuída ao contitular que pretende exonerar-se.

Esta aquisição da quota por outro sócio ou terceiro também está sujeita a registo (art.º 3.º, c), do C.R.C.).

3.4. *A contrapartida pela perda da quota*

O sócio que abandona a sociedade, em consequência do exercício de um direito de exoneração que lhe assistia, tem direito a receber uma contrapartida pela perda da sua participação social. Essa contrapartida deve equivaler ao valor em dinheiro[243] da quota perdi-

---

[242] Cfr., *supra*, pág. 120.

da, que o art.º 240.º, n.º 4, do C.S.C., manda calcular nos termos do art.º 105.º, n.º 2, do mesmo diploma [244]. Este dispositivo, que se insere nas regras específicas que regulam o direito de exoneração dos sócios com fundamento na aprovação de um projecto de fusão de sociedades, admite que o pacto social estipule o valor da contrapartida ou o método de cálculo deste, e como critério legal supletivo remete-nos para o art.º 1021.º, do C.C, o qual determina que o valor da quota, nos casos de morte, exoneração ou exclusão de um sócio de uma sociedade civil, é o seu valor real, tendo em consideração a situação patrimonial e financeira da sociedade [245]. Valor real não sig-

---

[243] AGUSTÍN AGUILERA RAMOS, em *El derecho de separación del socio,* em *Derecho de sociedades de responsabilidad limitada*, pág. 1018, admite que o pagamento da contrapartida seja feito *in natura*, através da entrega de bens.

Também CATERINA MONTAGNANI, em *Recesso e riduzione del capitale sociale: ancora in tema di sopravalutazione dei conferimenti in natura*, em "Rivista di diritto civile", Ano XLI (1995), n.º 4, parte II, pág. 305-324, admite nalguns casos o pagamento *in natura*.

[244] É o critério também apontado para cálculo do valor da quota nas hipóteses de venda de quota de sócio excluído (art.º 205.º, n.º 3, do C.S.C.) e de amortização da quota em diversas situações (231.º, d), e 235.º, a), do C.S.C.).

[245] Na *Ley* 2/1995 espanhola (art.º 100), também se procura que o valor da contrapartida a pagar ao sócio que se exonerou seja o valor real da quota, admitindo-se que a sociedade e o sócio acordem no montante que bem entenderem, ou nas pessoas que devem proceder à sua fixação. Na falta de qualquer acordo, o valor da quota será fixado pelo revisor de contas da sociedade (*auditor*), ou por pessoa nomeada pelo *Registrador Mercantil*, no caso da sociedade não se encontrar obrigada a auditoria. Esta avaliação deve ser efectuada no prazo de 2 meses e pode ser impugnada judicialmente, se alguma das partes não concordar com ela.

O art.º 2437, do C.C. Italiano, antes da reforma de 2003, referia que o valor da quota a pagar ao sócio que se exonerava deveria ser calculado de acordo com os resultados do balanço do último exercício. A doutrina considerava que este sistema, assente nos balanços ordinários que referiam normalmente um activo subavaliado, permitia *"uma autêntica expropriação, a título gratuito, das participações sociais"*, ou consistia *"num mecanismo punitivo de liquidação da quota"*, tendo sido objecto de ataques à sua constitucionalidade. Sobre este assunto, *vide* LORENZO DE ANGELIS, em *Sui criteri di valutazione delle azioni del socio recedente,* em "Rivista trimestrale di diritto e procedura civile", Ano XXXI (1977), n.º 4, pág. 1521-1557, GIUSEPPE FERRI, *em Recesso del socio e speciali ragioni di deroghe ai criteri legali di valutazione nel bilancio di esercizio*, em "Rivista del diritto commerciale e del diritto generale delle obliga-

nifica valor de mercado, uma vez que este último joga com factores de ordem subjectiva, previsões e expectativas, que na nossa opinião, não podem ser considerados na avaliação para efeitos de saída de um sócio. O aviamento ou *goodwill* duma sociedade não deve ser tomado em consideração na fixação do valor da quota a reembolsar ao sócio que abandona a sociedade, uma vez que não nos encontramos perante um negócio de compra e venda, em que estão presentes factores de risco [246]. Quando se refere valor real como contraposição a um valor contabilístico, apenas se pretende vincar que os bens patrimoniais da sociedade devem ser considerados pelo seu valor efectivo e não pelo valor que consta da contabilidade, normalmente subavaliado por razões fiscais.

Nas causas de exoneração de origem convencional, os sócios podem convencionar livremente o valor da contrapartida a receber pelo sócio que se exonera, ou a estabelecerem o critério de determinação desse valor que entendam mais conveniente. Só no silêncio dos estatutos sobre esta matéria é que se justifica a aplicação do

---

zioni", Ano LXXIII (1975), parte 2.ª, pág. 134-142, GIOVANNI GRIPO, em *Il recesso del socio*, em *Trattato delle società per azioni*, de G.E. Colombo e G.B. Portale, vol. 6*, pág. 187-190, e DANILO GALLETI, em *Il recesso nelle società di capitali*, pág. 375-395. Com as alterações introduzidas pelo Decreto n.º 6/20003, o art.º 2473 passou a impor que a quantia a pagar ao sócio dissidente fosse o valor de mercado da quota deste, no momento da declaração de exoneração. No caso de desacordo sobre este valor o mesmo será fixado por avaliação judicial.

O C.O. Suíço (art.º 580) determina que, na falta de acordo entre sócio e sociedade será o tribunal a fixar o montante da contrapartida, tendo em consideração a situação da sociedade no momento da saída do sócio.

O C. Comercial de Macau (art.º 370.º, n.º 1) refere que a contrapartida consiste no pagamento ao sócio de uma quantia igual ao valor da quota que resultar da avaliação, para o efeito expressamente realizada por auditor de contas sem relação com a sociedade, não se indicando o método de nomeação deste auditor.

[246] Em sentido contrário, LORENZO DE ANGELIS, em *Sui criteri di valutazione delle azioni del socio recedente*, em "Rivista trimestrale di diritto e procedura civile", Ano XXXI (1977), n.º 4, pág. 1543-1545, e DANILO GALLETI, em *Il recesso nelle società di capitali*, pág. 395-407, citando vários exemplos no direito comparado, incluindo o sistema português.

critério supletivo legal constante do art.º 105.º, n.º 2,, *ex vi* do art.º 240.º, n.º 4, ambos do C.S.C..

Contudo, quando o direito de exoneração se baseia em causa imposta por lei, a protecção à liberdade do sócio abandonar a sociedade impede que o valor da contrapartida fixado nos estatutos ou resultante da aplicação do critério convencional possa ser inferior ao resultante da aplicação do critério legal supletivo (art.º 240.º, n.º 6, do C.S.C.). Quando isso aconteça, a cláusula estatutária não é aplicável, tendo o sócio direito a receber o valor da contrapartida, resultante do funcionamento do critério legal [247]. Este valor funciona como o mínimo da contrapartida legalmente admissível para as hipóteses de exercício do direito de exoneração, fundamentado em causa prevista na lei.

O mesmo sucede, independentemente da origem convencional ou legal da causa de exoneração, quando a quota se encontra arrolada, arrestada, penhorada ou incluída em massa falida ou insolvente, em que é necessário garantir que a perda do bem retido para satisfação de créditos seja compensada com a obtenção duma quantia equivalente ao seu valor real. Esta solução óbvia decorre da previsão do art.º 235.º, n.º 2, do C.S.C., para a amortização de quotas.

Independentemente da existência de um critério convencional e do critério legal, a sociedade e o sócio podem estabelecer um acordo sobre o valor concreto da contrapartida a pagar, indiferente ao funcionamento desses critérios. Se não é admissível que os sócios renunciem previamente aos direitos de exoneração impostos pela lei ou ao valor mínimo da contrapartida a que têm direito, obtido pelo funcionamento do critério legal, nada impede que, verificada a existência de um direito de exoneração, fundamentado em causa legal ou convencional, a sociedade e o sócio acordem no montante da contrapartida a receber pelo sócio (art.º 105.º, n.º 2, *ex vi* do art.º 240.º, n.º 4, do C.S.C.). E este montante poderá, *inclusive*, ser inferior ao que resultasse da aplicação do critério legal, uma vez que a proibição contida no art.º 240.º, n.º 6, do C.S.C., se dirige apenas às estipula-

---

[247] RAÚL VENTURA, em *Sociedades por quotas,* II vol., pág. 38.

ções prévias contidas no pacto social e não a acordos de resolução de conflitos resultantes do exercício concreto de um direito de exoneração[248]. Excepciona-se a hipótese da quota se encontrar arrolada, arrestada, penhorada ou incluída em massa falida ou insolvente, em que o valor desta nunca poderá ser inferior ao apurado pelo critério legal (art.º 235.º, n.º 2, do C.S.C.).

Não existindo acordo sobre o valor da contrapartida a receber pelo sócio que se pretende exonerar, nem cláusula convencional que estipule esse valor ou o critério para o calcular, ou, apesar de existir essa cláusula, da sua aplicação resultar um montante inferior ao da aplicação do critério legal em hipótese de direito de exoneração previsto na lei, é aplicável o critério legal supletivo, constante do art.º 240.º, n.º 4 e 105.º, n.º 2, do C.S.C..

Segundo este método de determinação do valor da quota, releva a situação que se verificava na data em que a sociedade recebeu do sócio a declaração da sua vontade de se desvincular (art.º 240.º, n.º 4, do C.S.C.), a qual não coincide, como iremos ver[249], com a data em que se concretiza a exoneração. A situação patrimonial e financeira da sociedade deve ser espelhada em balanço especialmente elaborado para o efeito[250], em que o activo seja inscrito pelo seu valor real e não pelos valores desactualizados ou ficcionados que constam da contabilidade, como sucede normalmente nos balanços ordinários. Pretende-se a descrição duma situação patrimonial e financeira estática, paralisada naquele preciso momento. As expectativas de evolução e as potencialidades de desenvolvimento não devem ser consideradas, sendo o cálculo meramente matemático, despido de qualquer subjectivismo.

O balanço e o cálculo do valor da quota deve ser realizado por revisor oficial de contas designado por acordo entre a sociedade e o

---

[248] RAÚL VENTURA, em *Sociedades por quotas,* II vol., pág. 39.
[249] Cfr., *infra*, pág. 141-143.
[250] Neste sentido, opinou GONÇALVES DA SILVA E ESTEVES PEREIRA, em *Contabilidade das sociedades,* pág. 144-145, onde consta o exemplo prático de um balanço elaborado para esta finalidade, e o acórdão do S.T.J. de 7-10-1997, na C.J.(Ac. do S.T.J.), Ano V, tomo 3, pág. 52, relatado por MACHADO SOARES.

sócio que se pretende exonerar (art.º 105.º, n.º 2, *ex vi* do art.º 240.º, n.º 4, do C.S.C.). Se a sociedade ou o sócio não concordarem com o valor encontrado pelo perito que nomearam, poderão requerer uma segunda avaliação (art.º 105.º, n.º 2, *ex vi* do art.º 240.º, n.º 4, do C.S.C.), a qual é uma avaliação judicial, dado que o art.º 105.º, n.º 2, do C.S.C., refere que ela se deve efectuar nos termos do C.P.C.[251]. Este diploma, após a reforma de 1995/1996 que, além do mais, procurou *"criar procedimentos expeditos para realizar interesses societários"*[252], introduziu o processo de jurisdição voluntária de liquidação de participações sociais, nos art.º 1498.º e 1499.º. Assim, o discordante da avaliação extrajudicial realizada deve instaurar este processo de jurisdição voluntária, requerendo que o tribunal proceda a segunda avaliação da quota (art.º 1498.º, n.º 1, do C.P.C.). Após a citação da outra parte[253] e o decurso do prazo para esta se opor, querendo, ao pedido formulado, deve o juiz, se entender justificar-se a pretendida avaliação, ordenar a sua realização, segundo as regras aplicáveis no C.P.C. a uma segunda avaliação na produção de prova pericial (art.º 590.º, do C.P.C.)[254], uma vez que já se verificou uma

---

[251] Como esta segunda avaliação deve ser requerida nos termos do C.P.C. (art.º 105.º, n.º 2, *in fine,* do C.S.C.), o respectivo requerimento deve ser apresentado em tribunal no prazo de 10 dias a contar do conhecimento dos resultados da perícia extrajudicial, aplicando-se o prazo previsto no C.P.C. para solicitar uma segunda perícia (art.º 589.º, n.º 1, do C.P.C.). Mostrando-se ultrapassado este prazo, deve considerar-se que caducou o direito de requerer segunda avaliação, valendo o resultado da avaliação extrajudicial já efectuada.

[252] Excerto do preâmbulo do D.L. n.º 329-A/95, de 12 de Dezembro.

[253] Apesar do art.º 1498.º, n.º 3, do C.P.C. se referir apenas à citação da sociedade, nada impede que a parte discordante da primeira avaliação seja esta, uma vez que essa avaliação não foi por si efectuada, mas sim por um avaliador escolhido por ambas as partes. Nesta hipótese, o citado será o sócio que se pretende exonerar.

[254] Esta avaliação é efectuada por 3 peritos (de preferência, mas não obrigatoriamente, revisores oficiais de contas), não podendo nenhum deles ser o mesmo que efectuou a avaliação extrajudicial, cabendo ao juiz e a cada uma das partes a nomeação de um perito (art.º 590.º, do C.P.C.). Estes elaborarão um relatório da perícia efectuada, concluindo pelo valor da quota em causa, o qual poderá ser objecto de esclarecimentos, a pedido das partes ou do juiz (art.º 586.º e 587.º, do C.P.C.).

anterior. Efectuada esta avaliação judicial definitiva[255], após audição de ambas as partes, o juiz fixará o valor à participação social em causa (art.º 1498.º, n.º 3, do C.P.C.). O juiz goza de liberdade na apreciação da opinião pericial (art.º 389.º, do C.C. e 591.º, do C.P.C.), podendo sindicá-la, fundamentando a sua decisão, sempre que se afaste dela.

Mas se o sócio e a sociedade não se entenderem nem sobre o montante da contrapartida, nem sobre a pessoa do revisor oficial de contas incumbido de proceder à avaliação extrajudicial, podem o sócio ou a sociedade recorrerem ao referido processo de jurisdição voluntária[256], requerendo que o tribunal proceda à avaliação da quota[257].

---

[255] Não há aqui lugar à possibilidade duma segunda avaliação judicial, o que constituíria uma terceira avaliação.

[256] Recaindo sobre a sociedade o dever de dar um destino à quota do sócio que declarou pretender exonerar-se, contra o pagamento duma contrapartida em prazo legalmente fixado, é ela que tem o dever de instaurar este processo de jurisdição voluntária caso não exista acordo, nem relativamente ao valor da quota, nem sobre a pessoa que proceda à sua avaliação extrajudicial, sob pena de culposamente incumprir o prazo legal que dispõe para amortizar a quota, adquiri-la ou fazê-la adquirir por outro sócio, ou terceiro.

[257] A parte final do primeiro período do n.º 2, do art.º 105.º, do C.S.C., deve ser interpretada no sentido de que não sendo possível designar por mútuo acordo um revisor oficial de contas que proceda à avaliação da quota, esta deve ser efectuada pelo tribunal e não que a nomeação daquele passe a ser efectuada pelo tribunal. O sentido desta interpretação foi nos dado pela iniciativa do legislador processual, ao criar um processo judicial de liquidação de participação social (art.º 1498.º e 1499.º do C.P.C.), em detrimento de um processo de nomeação de avaliador.

Mesmo antes da criação daquele processo especial de jurisdição voluntária, introduzido na reforma do processo civil de 1995/1996, já o acórdão da Relação de Coimbra de 14-2-1990, na C.J., Ano XV, tomo I, pág. 97, relatado por ROGER BENNET, defendia esta interpretação, utilizando o processo especial de arbitramento para efectuar a avaliação judicial.

Em sentido contrário, mas em datas anteriores à referida inovação processual, opinaram BRITO CORREIA, em *Direito comercial*, 2.º vol, pág. 431, ANTÓNIO SOARES, em *O novo regime de amortização de quotas,* pág. 143, e RAÚL VENTURA, em *Fusão, cisão, transformação de sociedades,* pág. 145-146, embora este ultimo já desejasse uma reforma processual que viesse dar sentido ao regime estabelecido no art.º 105.º, do C.S.C.. Já após a reforma do processo civil de 1995//1996, continuaram a referir que, na falta de acordo sobre a nomeação de um

Efectuada a citação do demandado e decorrido o prazo de oposição, deve o juiz, se entender justificado o pedido, ordenar a realização de avaliação por um único perito por si nomeado (art.º 1498.º, n.º 3, do C.P.C.), segundo as regras aplicáveis no C.P.C. a uma primeira avaliação na produção de prova pericial (art.º 568.º e seg. do C.P.C.). Se qualquer uma das partes discordar desta primeira avaliação, ou se o juiz o entender necessário, pode ser realizada uma segunda perícia judicial (art.º 589.º, do C.P.C.) nos termos acima relatados, após a qual será judicialmente fixado o valor da participação social em causa.

As decisões proferidas em primeira instância, no referido processo de jurisdição voluntária, poderão ainda ser objecto de recurso para os tribunais superiores, segundo as regras do C.P.C..

O disposto no art.º 105.º, n.º 3, do C.S.C., que constitui uma reprodução do n.º 4, do art.º 9.º, do revogado D.L. 598/73, de 8-11, o qual regulou antes do C.S.C. as operações de fusão e cisão de sociedades, além de remeter para outros números desse art.º 9.º que não transitaram para o C.S.C. [258], revela-se totalmente desadaptado ao regime do exercício do direito de exoneração dos sócios nas sociedades por quotas, pelo que não lhe pode ser aplicável. Enquanto no D.L. 598/73 era ao sócio que competia impulsionar o processo de concretização do direito de exoneração, fixando-lhe a lei prazos para

---

revisor oficial de contas para proceder à avaliação da quota, compete ao tribunal proceder a essa nomeação, PINTO FURTADO, em *Curso de direito das sociedades,* pág. 501, PAULO VIDEIRA HENRIQUES, em *A desvinculação unilateral ad nutum nos contratos civis de sociedade e de mandato,* pág. 92, e COUTINHO DE ABREU, em *Curso de direito comercial,* vol. II, pág. 417.

[258] Fala-se num prazo que constava do n.º 3, do art.º 9.º, do D.L. 578/73, – prazo de 20 dias para o sócio que não concordou com a contrapartida oferecida pela sociedade para requerer a avaliação judicial da quota, a contar da data da oferta – e que agora não consta dos outros números do art.º 105.º, do C.S.C.. Além disso, este n.º 3, do art.º 105.º, do C.S.C., refere que é aplicável a parte final do n.º 2 do mesmo artigo, que se reporta à possibilidade de requerer uma segunda avaliação, nos termos do C.P.C., quando na hipótese prevista no n.º 3, ainda não se verificou uma primeira avaliação.

RAÚL VENTURA, em *Fusão, cisão, transformação de sociedades,* pág. 146, refere-se à dificuldade de aplicação deste preceito do C.S.C..

a prática dos respectivos actos (n.º 3 e 4, do art.º 9.º), e conferindo-lhe *inclusive* o direito a requerer a execução específica da transmissão da sua quota para a sociedade (n.º 2, do art.º 9.º), no regime adoptado pelo C.S.C. para as sociedades por quotas, é a esta que cumpre impulsionar esse processo, marcando-lhe a lei um prazo para executar o direito de exoneração e prevendo uma grave sanção para o seu incumprimento (art.º 240.º, n.º 3, *in fine*, do C.S.C.). Daí que, pelo menos relativamente às sociedades por quotas, não tenha qualquer sentido a aplicação do referido n.º 3, do art.º 105.º, do C.S.C., mesmo restrito ao direito de exoneração, nas operações de fusão ou cisão de sociedades, por, além de conter gritantes lapsos legislativos, se revelar completamente desadaptado ao regime previsto para o exercício do direito de exoneração naquele tipo societário.

O valor definitivamente fixado no processo de jurisdição voluntária de liquidação de participações sociais, previsto nos art.º 1498.º e 1499.º, do C.P.C., deve considerar-se o montante da contrapartida a que tem direito o sócio que se pretende exonerar.

O pagamento da contrapartida definitivamente fixada por mútuo acordo, avaliação extrajudicial ou avaliação judicial, deve ser efectuado em duas prestações, caso não exista estipulação ou acordo em contrário quanto à modalidade e prazo de pagamento. A primeira prestação vencer-se-à seis meses após a data em que se tiver fixado definitivamente a contrapartida e a segunda, um ano após essa data (art.º 235.º, b), *ex vi* do art.º 240.º, n.º 4, do C.S.C.) [259].

---

[259] A Ley 2/1995 espanhola determina que o pagamento da contrapartida deva ser efectuado no prazo de 2 meses após a fixação extrajudicial da mesma.

O C.C. Italiano, na sua versão original não fixara nenhum prazo para o pagamento da contrapartida, entendendo-se que o vencimento desta obrigação era imediato ao momento da concretização da exoneração, dependendo da posição que se adoptasse quanto à localização desse momento. Sobre este tema, *vide* DEBORAH SPEDICATI, em *Il diritto di recesso: il rimborso del recedente,* em "Rivista delle società", Ano 38 (1993), pág. 684. O Decreto n.º 6/2003 veio fixar um prazo de 180 dias após a recepção da comunicação de exoneração (art.º 2473).

No sistema suíço, a retribuição deve ser paga imediatamente após a sua fixação por acordo ou por decisão judicial.

O C. Comercial de Macau (art.º 370.º, n.º 2) seguiu a solução do C.S.C..

Se este processo de fixação do valor da contrapartida a pagar ao sócio que pretende abandonar a sociedade deve necessariamente ocorrer antes da comunicação da deliberação de amortização da quota, ou da escritura da sua aquisição pela sociedade, outro sócio ou terceiro, já o seu pagamento pode verificar-se em datas anteriores, posteriores, ou coincidentes com a prática destes actos.

Se sobre a quota incide um usufruto ou um penhor, a perda daquela determina a substituição do objecto destes direitos reais[260], pelo que o montante da contrapartida deve ser entregue pela sociedade aos titulares destes direitos, uma vez que lhes está atribuído o poder de detenção do seu objecto (art.º 1446.º e 669.º, do C.C.).

E, se sobre a quota recai uma penhora, um arresto, um arrolamento ou uma apreensão em processo de insolvência, deve a sociedade depositar à ordem do tribunal aquele valor, atento o disposto no art.º 823.º, n.º 2, 622.º, n.º 2, do C.C., art.º 424.º, n.º 5, do C.P.C., e art.º 150.º, n.º 1, do CIRE[261].

Resta agora analisar as consequências do incumprimento da obrigação de pagamento da contrapartida definitivamente fixada na(s) data(s) do seu vencimento.

O legislador não estabeleceu regras unitárias para as consequências deste incumprimento no âmbito do direito de exoneração, tendo-se limitado a regulá-lo na hipótese em que a quota é adquirida por outro sócio, ou terceiro (art.º 240.º, n.º 5, do C.S.C.). Quando a quota é amortizada ou adquirida pela própria sociedade, valem as regras previstas no âmbito destas figuras.

Assim, se a quota é amortizada, competindo a obrigação de pagar a contrapartida pela amortização à sociedade, o não cumprimento desta prestação na data de vencimento da mesma apenas confere ao sócio o poder de exigir judicialmente o pagamento da quantia em dívida (art.º 235.º, n.º 3, do C.S.C.), não sendo aplicável o disposto na primeira parte do n.º 4, do art.º 236.º, do C.S.C., uma vez que a sua exoneração não é compatível com uma simples amortiza-

---

[260] Cfr., *supra*, pág. 93-96.

[261] *Vide*, relativamente ao pagamento da contrapartida devida pela amortização de quota penhorada, MARTINS DA FONSECA, em *Amortização de quotas penhoradas,* na R.M.P., Ano 9.º (1988), n.º 33-34, pág. 116-119.

ção parcial da quota. Além do montante em dívida, o sócio poderá também exigir o pagamento de juros de mora, à taxa definida por lei, contabilizados desde a data em que se venceu a obrigação de pagamento da contrapartida (art.º 804.º, 805.º e 806.º, do C.C.).

Quando o meio de execução do direito de exoneração escolhido pela sociedade é a aquisição da quota para ela, o não cumprimento por esta desse pagamento, na data de vencimento da contraprestação, possibilita ao sócio optar entre a exigência judicial da quantia em dívida e juros de mora e a *"ineficácia"* da alienação (art.º 225.º, n.º 5, 1.ª parte, *ex vi* do art.º 232.º, n.º 6, do C.S.C.). Nesta última hipótese, não se concretiza o direito de exoneração daquele, pelo que o mesmo poderá requerer a dissolução judicial da sociedade (art.º 240.º, n.º 3, do C.S.C.). A opção pela *"ineficácia"* da alienação traduz-se no exercício de um direito de resolução da alienação efectuada, com os seus efeitos retroactivos (a reaquisição da qualidade de sócio e a devolução das quantias eventualmente recebidas).

Se a sociedade opta por fazer adquirir a quota por outro sócio ou por terceiro, o não pagamento por este, ou pela sociedade em sua substituição (nos termos do art.º 240.º, n.º 5, do C.S.C.)[262], da totalidade da contrapartida fixada, permitirá ao sócio requerer a dissolução judicial da sociedade (art.º 240.º, n.º 5, do C.S.C.), o que implica necessariamente a resolução da transmissão operada, com os consequentes efeitos retroactivos (a reaquisição da qualidade de sócio e a devolução das quantias eventualmente recebidas).

Não parece que lhe seja possível exigir ao adquirente o pagamento em falta, uma vez que a lei não lhe atribui essa faculdade e não existe qualquer relação contratual entre ambos, donde tenha resultado um crédito do sócio que se pretende exonerar sobre o adquirente. A relação contratual de compra e venda estabelecida foi entre a sociedade e aquele, pelo que só ela pode exigir ao adquirente o pagamento do preço acordado, caso já o tenha pago ao titular da quota vendida, por se verificar um caso de sub-rogação legal (art.º 592.º, do C.C.), uma vez que a sociedade tinha interesse na satisfação daquele crédito para evitar um pedido de dissolução.

---

[262] A sociedade só poderá efectuar este pagamento, em substituição, quando a sua situação líquida, depois de satisfeita a contrapartida, não ficar inferior à soma do capital e da reserva legal (art.º 240.º, n.º 5 e 236.º, n.º 1, do C.S.C.).

EFEITOS DA EXONERAÇÃO

A principal consequência do exercício com êxito do direito de exoneração é o abandono da sociedade pelo sócio que se exonerou. Este deixa de ser um dos sujeitos da relação societária, perdendo a titularidade da sua participação social e os inerentes direitos e deveres.

O momento em que isso se verifica, conforme resulta da circunstância do nosso sistema ter configurado o direito de exoneração não como um direito potestativo, mas como um direito subjectivo, em sentido estrito, que necessita da colaboração da sociedade para se concretizar[263], não é o da comunicação da vontade do sócio se exonerar[264], mas sim o da comunicação pela sociedade do acto que

---

[263] Cfr., *supra*, pág. 27-28.

[264] PAULO VIDEIRA HENRIQUES, em *A desvinculação unilateral ad nutum nos contratos civis de sociedade e de mandato*, pág. 81-85, defende que o direito de exoneração se concretiza e produz efeitos com a recepção pela sociedade da declaração de vontade do sócio se desvincular, na linha da defesa que o direito de exoneração, no nosso sistema legal, não deixa de ser um direito potestativo.

RAÚL VENTURA, em *Sociedade por quotas,* vol. II, pág. 33, MARIA AUGUSTA FRANÇA, em *Direito à exoneração*, em *Novas perspectivas do direito comercial*, pág. 223, e COUTINHO DE ABREU, em *Curso de direito comercial,* vol. II, pág. 422--423, defendem que o momento em que se efectiva o direito de exoneração é o da amortização ou da aquisição da quota, esquecendo que estes actos só se tornam eficazes perante o sócio exonerado quando lhe são comunicados, uma vez que ele não participa na sua execução.

Em Itália, também se discute qual o momento em que se concretiza o direito de exoneração. Sobre aspectos desta polémica, *vide* FRANCESCO FERRARA JR. e FRANCESCO CORSI, em *Gli imprenditori e le società,* pág. 621, FILIPPO CHIOMENTI, em *Revocabilità delle aventi ad oggetto le modificazioni dell' atto costitutivo di cui all' art. 2437 cod. civ. in presenza di dichiarazioni di recesso dalla società*, em Rivista del diritto commerciale e del diritto generale delle obbliga-

determinou a perda da quota desse sócio. A saída do sócio da sociedade verifica-se apenas com a recepção por este da comunicação da deliberação de amortização da sua quota ou da celebração das escritura de aquisição desta pela sociedade, outro sócio ou terceiro. É só nestes momentos que ocorre a perda eficaz da participação social do sócio que havia manifestado a sua vontade de abandonar a sociedade, pelo que só nessa altura o direito de exoneração se pode concretizar e produzir os seus efeitos. Só assim se justifica que a alternativa prevista para a omissão da prática daqueles actos seja a concessão ao sócio que se pretende exonerar do direito de requerer a dissolução judicial da sociedade, num sinal claro que, sem a realização dos mesmos, o sócio mantém o seu estatuto, apesar da declaração efectuada.

E a circunstância do art.º 240.º, n.º 4, do C.S.C. ter indicado que a contrapartida a pagar ao sócio pela perda da sua quota deve ser calculada com referência à data da declaração de intenções por ele emitida não invalida a posição aqui sustentada. Sendo importante a fixação legal de um momento de referência da situação patrimonial e financeira da sociedade, no processo de exercício do direito de exoneração, de modo a evitar conflitos e disparidades de critérios na avaliação do valor da quota perdida, este deve necessariamente situar-se em data anterior aos actos acima mencionados, os quais para a sua prática exigem que esteja previamente definido esse valor, de forma definitiva. O legislador terá optado pela declaração de inten-

---

zioni, Ano XCIV (1996), parte 2.ª, pág. 414-423, GIOVANNI GRIPO, em *Il recesso del socio,* em *Trattato delle società per azioni,* de G.E. Colombo e G.B. Portale, vol. 6*, pág. 181-185, e DANILO GALLETI, em *Il recesso nelle società di capitali,* pág. 459-470, que defendem que a saída do sócio só se concretiza com a celebração dos actos de amortização, com redução do capital, ou de aquisição da quota pela sociedade com fundos disponíveis, embora os primeiros sustentem que, após a declaração de intenção de exoneração, ficam suspensos os direitos e obrigações sociais do sócio dissidente.

No direito suíço, a saída do sócio, com fundamento em justo motivo, verifica-se com o trânsito em julgado da decisão judicial que a autoriza.

AGUSTÍN AGUILERA RAMOS, em *El derecho de separación del socio,* em *Derecho de sociedades de responsabilidad limitada,* tomo II, pág. 1014-1015, defende que, no sistema espanhol, o direito de exoneração se concretiza com a recepção, pela sociedade, da declaração de exoneração.

ção de desvinculação como o momento imediatamente anterior ao próprio processo de avaliação, de verificação certa, dado que a deliberação societária de resposta a essa declaração pode não se verificar em data anterior à avaliação, atenta a possibilidade da assembleia suspender o processo deliberativo, a fim de aguardar a definição do valor da contrapartida a pagar[265]. É certo que o espaço de tempo que decorre entre a declaração de intenções do sócio e a perda efectiva da participação social pode provocar um desajustamento entre o valor apurado e o valor real da quota neste último momento[266], apesar do legislador ter procurado fixar em 30 dias a duração máxima desse espaço de tempo (art.º 240.º, n.º 3, do C.S.C.), mas a possibilidade de ocorrer essa desactualização não é suficiente para pretendermos equacionar um direito de exoneração com características que não foram claramente perfilhadas pelo sistema do C.S.C., sob pena de militarmos num "terrorismo" interpretativo.

Quando a exoneração ocorre com fundamento na aprovação de um projecto de transformação da sociedade, está prevista uma regra específica que afasta aquele regime geral. O sócio dissidente só se considera exonerado na data da outorga da escritura da transformação (art.º 137.º, n.º 4, do C.S.C.), o que pressupõe que todos os actos inerentes ao exercício do respectivo direito estejam cumpridos nessa data, incluindo o pagamento da contrapartida devida.

Até se concretizar a perda da quota e a consequente desvinculação do sócio, este mantém todos os direitos e deveres inerentes à sua qualidade de membro da sociedade, incluindo o direito ao voto nas deliberações sociais, o direito à informação, e o dever de lealdade[267].

---

[265] Cfr. *supra*, pág. 113.

[266] COUTINHO DE ABREU, em *Curso de direito comercial*, vol. II, pág. 423, nota 462, critica esta opção do legislador com esse fundamento.

[267] Na Itália, esta solução é duvidosa, dividindo-se a doutrina. No mesmo sentido que o sustentado no texto, vide DANILO GALLETI, em *Il recesso nelle società di capitali*, pág. 470-472. No sentido oposto, considerando suspensos os direitos e os deveres do sócio, após a sua declaração de exoneração, leia-se FRANCESCO FERRARA jr. e FRANCESCO CORSI, em *Gli imprenditori e le società*, pág. 620.

O Projecto Alemão de reforma das sociedades por quotas de 1971 (§ 211 do *Regierungsentwurf*), também adoptava esta solução.

A manutenção do direito de informação é especialmente relevante, uma vez que o sócio poderá ter necessidade de o utilizar no processo de fixação do valor da contrapartida a receber.

Contudo, o sócio perde o poder de disposição sobre a sua quota, uma vez que a lei a coloca "nas mãos da sociedade" que a pode amortizar, adquirir ou fazer adquirir por terceiros [268].

Quanto ao direito a quinhoar nos lucros, o seu exercício deve ser admitido em conjugação com a consideração dos resultados do exercício na avaliação do montante da contrapartida a receber pelo sócio, de forma a evitar uma duplicação de benefícios. O sócio não pode exercer o seu direito aos lucros, se os mesmos resultam de distribuição do saldo de exercício já considerado na avaliação da sua quota.

Os direitos já adquiridos e as obrigações já vencidas do sócio que se exonerou não se extinguem com o abandono por este da sociedade, conforme resulta do disposto no art.º 232.º, n.º 2, *in fine*, do C.S.C., desde que não tenham sido contemplados na avaliação do valor da quota, como sejam o direito a dividendos e à restituição de prestações suplementares ou de suprimentos, e o dever de efectuar prestações acessórias.

Apesar da salvaguarda dos direitos já adquiridos e das obrigações já vencidas se encontrar apenas prevista para a hipótese da quota ser amortizada, a mesma é aplicável aos restantes meios operacionais de concretização do direito de exoneração, em que igualmente ocorre a perda da quota pelo sócio que se exonera. Em todas estas situações, como os actos de perda da quota, por extinção ou transmissão, não resultam de um acordo de vontades entre sócio e sociedade, mas sim de actos impostos por esta última, a possibilidade de serem negociadas soluções diversas para o destino dos direitos sociais adquiridos só pode ocorrer no âmbito do possível acordo sobre o montante da contrapartida a receber pelo sócio. Na verdade, sendo possível fixar esse montante por mútuo acordo das partes [269], podem

---

[268] Cfr., *supra*, pág. 111-112.
[269] Cfr., *supra*, pág. 132.

a sociedade e o sócio incluir nesse pacto o exercício daqueles direitos e o cumprimento daquelas obrigações.

A responsabilidade directa do sócio que se exonerou para com os credores sociais, estipulada no pacto social, mantém-se relativamente às obrigações assumidas pela sociedade até à data da concretização da exoneração daquele, só não valendo relativamente às obrigações constituídas em momento posterior (art.º 198.º, n.º 2, do C.S.C.).

Se o sócio que saiu era gerente da sociedade, a relação de gerência cessa automaticamente com a concretização da sua exoneração, quando o exercício da gerência correspondia a um direito inerente à qualidade de sócio (v.g. direito especial à gerência ou estipulação que todos os sócios são gerentes), ou se o pacto social apenas permite que sócios exerçam as funções de gerente. Nos restantes casos, uma vez que a lei permite que estranhos à sociedade exerçam as funções de gerente (art.º 252.º, n.º 1, do C.S.C.), o contrato de gerência não se extinguirá com o exercício do direito de exoneração, sendo necessário o accionamento duma causa extintiva própria, para que o sócio exonerado cesse as suas funções de gerente (v.g. revogação unilateral ou por mútuo acordo).

A exoneração de um ou mais sócios poderá determinar a concentração da totalidade das quotas na mão de um único sócio, o que possibilitará a sua "transformação" em sociedade unipessoal por quotas (art.º 270.º- A, do C.S.C.)[270].

Nas hipóteses em que os actos de perda da quota sejam considerados nulos[271], ou sejam objecto de resolução[272], verifica-se um efeito retroactivo que deve colocar o sócio numa posição idêntica à que teria, se nunca tivesse abandonado a sociedade.

---

[270] RICARDO SANTOS COSTA, em *A sociedade por quotas unipessoal no direito português,* pág. 270-272, nota 259.

[271] V.g. quando é amortizada a quota sem que esta esteja liberada.

[272] V.g. quando o sócio requer a dissolução da sociedade com fundamento em que não lhe foi paga a contrapartida devida, nas hipóteses em que a sua quota é adquirida pela sociedade, por outro sócio, ou terceiro.

A DISSOLUÇÃO DA SOCIEDADE COMO ALTERNATIVA À EXONERAÇÃO

Como já referimos, o direito de exoneração é um direito subjectivo em sentido estrito que, para se concretizar, necessita da prática de actos de cumprimento dos respectivos deveres pela sociedade.

Quando a sociedade não possa, não consiga ou não queira exonerar o sócio que manifestou a intenção de sair, o legislador concedeu-lhe a possibilidade de requerer a dissolução daquela, de modo a que o sócio alcance o seu objectivo de pôr termo à sua relação societária. Esta alternativa retomou a antiga solução drástica do fim de todo o contrato de sociedade como forma do sócio dissidente poder obter a sua libertação[273]. A esta opção também não terá sido alheia a ideia de coagir a sociedade a praticar os actos necessários à efectivação do direito de exoneração do seu sócio, surgindo a dissolução como uma sanção para o incumprimento da prestação devida pela sociedade[274].

---

[273] Cfr., *supra*, nota 30.
Esta solução resultou do Anteprojecto de Coimbra (art.º 125.º, n.º 3), que passou para o Projecto do C.S.C. (art.º 246.º, n.º 3) que, ao configurar o direito de exoneração como um direito subjectivo, em sentido restrito, sentiu necessidade de consagrar uma medida que não só pressionasse a sociedade a cumprir, como concedesse ao sócio desejoso de abandonar a sociedade uma alternativa ao incumprimento do direito de exoneração.
Igual solução constava do Projecto Alemão de reforma das sociedades por quotas de 1971 (§ 211 do *Regierungsentwurf*) e foi igualmente adoptada pelo actual art.º 2473, do C.C. Italiano.

[274] Raúl Ventura, em *Sociedades por quotas,* vol. II, pág. 32, fala numa "pena" para a falta de cumprimento do dever da sociedade.

Assim, se esta, por inércia dos seus orgãos, não tomar qualquer deliberação sobre a pretensão do sócio, se aprovar uma deliberação negativa, recusando a exoneração deste, se não reunir os requisitos necessários para proceder à extinção ou aquisição da quota, ou se não proceder ao pagamento da contrapartida fixada na data do vencimento da respectiva obrigação, quando a quota foi adquirida pela sociedade, por outro sócio ou terceiro, pode o sócio requerer a dissolução da sociedade (art.º 240.º, n.º 3 e 5, 236.º, n.º 3 e 225.º, n.º 5, *ex vi* do art.º 232.º, n.º 6, do C.S.C.).

O art.º 240.º, n.º 3, do C.S.C., concede este direito ao sócio, logo que a quota não se mostre amortizada ou alienada no prazo de 30 dias após a recepção da declaração de exoneração.

Recebida esta comunicação, em regra terá que ser convocada uma reunião da assembleia geral da sociedade, com a antecedência exigível. Após essa reunião, terá que ser desencadeado o processo de fixação do valor da contrapartida a pagar ao sócio que pretende exonerar-se, o qual exige a elaboração de um balanço próprio para este efeito e poderá incluir o recurso a um processo judicial. Caso se opte pela transmissão da quota ou amortização com redução do capital, terão ainda que ser outorgadas as respectivas escrituras públicas. Considerando os prazos habituais de antecedência das convocatórias, de elaboração de um balanço especial por perito, de pendência de um processo judicial de liquidação de participação social e de realização duma escritura pública, seguramente que não será possível à sociedade, na maior parte das situações, respeitar o indicado prazo de 30 dias.

Estamos perante um prazo legalmente fixado para o cumprimento da obrigação da sociedade dar um destino à quota do sócio que pretende sair, de modo a assegurar a concretização do direito de exoneração que assiste a este, pelo que a consequência da sua inobservância (a faculdade do sócio requerer a dissolução da sociedade), só se verifica se o incumprimento for imputável à sociedade, num juízo de censura. São aplicáveis os princípios gerais do cumprimento das obrigações que estabelecem como regra que o sancionamento do incumprimento só ocorre quando este deriva de comportamento censurável do devedor.

Deste modo, a ultrapassagem do prazo de 30 dias estabelecido no art.º 240.º, n.º 4, do C.S.C., para a sociedade cumprir o seu dever de amortizar, adquirir ou fazer adquirir a quota do sócio que pretende sair, só conferirá a este o direito de requerer a dissolução da sociedade, quando a demora verificada resultar de conduta censurável desta.

Incumbe à sociedade provar que o desrespeito do prazo legalmente fixado não procede de culpa sua (art.º 799.º, n.º 1, do C.C.), recaindo sobre ela a presunção de culpa que incide sobre os devedores de qualquer obrigação.

A dissolução que sanciona o incumprimento da obrigação da sociedade é judicial, seguindo a forma do processo comum e aplicando-se-lhe o disposto no art.º 144.º, do C.S.C..

A acção contra a sociedade deve ser proposta pelo sócio que pretendia a sua exoneração, no prazo de 6 meses, a contar da data em que este teve conhecimento de que a sociedade incumpriu culposamente o seu dever de amortizar, adquirir ou fazer adquirir a quota no prazo legalmente fixado e nunca após terem decorridos dois anos sobre esse incumprimento. Os momentos, a partir dos quais se inicia a contagem destes prazos de exercício do direito de requerer a dissolução da sociedade, são o do referido incumprimento culposo e do seu conhecimento, que não coincidem necessariamente com o termo do prazo de 30 dias, referido no art.º 240.º, n.º 3, do C.S.C., uma vez que a demora, no cumprimento da obrigação da sociedade, pode apenas começar a ser imputável a esta em momento posterior a esse termo [275].

Se o sócio deixar decorrer os prazos referidos no art.º 144.º, n.º 3, do C.S.C., sem que requeira judicialmente a dissolução, caduca o respectivo direito, permanecendo o sócio na sociedade.

Na acção em que o sócio requeira a dissolução da sociedade, compete-lhe a prova dos factos constitutivos do seu direito de exoneração e do incumprimento do correspondente dever pela sociedade e, a esta, os factos extintivos ou impeditivos quer do direito de exoneração invocado, quer do direito de requerer a dissolução com fundamento naquele incumprimento, nomeadamente a caducidade de qualquer um destes direitos (art.º 342.º, n.º 1 e 2, do C.C.).

---

[275] RAÚL VENTURA, em *Sociedades por quotas,* vol. II, pág. 32, defende que os prazos de propositura da acção de dissolução se iniciam com o termo do prazo de 30 dias, consagrado no art.º 240.º, n.º 3, do C.S.C..

BIBLIOGRAFIA

ABREU, Jorge Manuel Coutinho de
- *Curso de direito comercial*, vol. II, *Das sociedades*, Livraria Almedina, Coimbra, 2004, 3.º reimp. da ed. de 2002.

ALARCÓN, José António Mora / ALARCÓN, Luis Miguel Mora
- *Manual de sociedades de responsabilidad limitada*, Edisofer, Madrid, 1995.

ALMEIDA, António Pereira de
- *Sociedades por quotas*, A.A.F.D.L., Lisboa, 1988.

ANTUNES, José Augusto Q. L. Engrácia
- *Direito das sociedades comerciais. Perspectivas do seu ensino*, Livraria Almedina, Coimbra, 2000.
- *O art.º 490.º, do C.S.C. e a lei fundamental. Propriedade corporativa, propriedade privada, igualdade de tratamento*, em "Estudos em comemoração dos 5 anos (1995--2000), da Faculdade de Direito da Universidade do Porto", pág. 147-276, Coimbra Editora, Coimbra, 2001.
- *Os grupos de sociedades. Estrutura e organização jurídica da empresa plurissocietária*, 2.ª ed., Livraria Almedina, Coimbra, 2002.

ANGELIS, Lorenzo de
- *Sui criteri di valutazione delle azioni del socio recedente,* em "Rivista trimestrale di diritto e procedura civile", Ano XXXI (1977), n.º 4, pág. 1521-1557.

ASCENÇÃO, José de Oliveira
- *Direito comercial*, vol. IV, *Sociedades comerciais,* ed. pol., Lisboa, 1993.

CAEIRO, António
- *A exclusão estatutária do direito de voto nas sociedades por quotas*, em *Temas de direito das sociedades*, pág. 9-152, Livraria Almedina, Coimbra, 1984.

CASTRO, Carlos Osório de
- *A contrapartida da aquisição de acções próprias*, na "Revista de Direito e de Estudos Sociais", Ano XXX, n.º 3, pág. 249-272.
- *Valores mobiliários: conceito e espécies*, Universidade Católica Portuguesa, Porto, 1996.

CHIOMENTI, Filippo
- *"Revocabilità delle deliberazioni aventi ad oggeto le modificazioni dell' atto costitutivo di cui all' art 2437 cod. civ. in presenza di dichiariozoni di recesso dalla società"*, em "Rivista del diritto commerciale e del diritto generale delle obligazioni", Ano XCIV (1996), parte 2.ª, pág. 414-423.

COELHO, Francisco Brito Pereira
- *Grupos de sociedades – anotação aos art.º 488.º a 508.º, do C.S.C.*, no "Boletim da Faculdade de Direito da Universidade de Coimbra", n.º LXIV (1988), pág. 297-353.

CORDEIRO, António Menezes
- *Tratado de direito civil português*, vol. I, *Parte Geral*, tomo 1, Livraria Almedina, Coimbra, 1999.

CORREIA, António de Arruda Ferrer
- *Lições de direito comercial*, II vol., *Sociedades comerciais – doutrina geral*, ed. pol., 1968.
- *Lei das sociedades comerciais (Anteprojecto)*, no "Boletim do Ministério da Justiça", n.º 191, pág. 5-137.
- *A nova sociedade por quotas de responsabilidade limitada no direito português*, na "Scientia Iuridica", tomo XXXV (1986), n.º 199 a 204, pág. 333 a 368.
- *A sociedade por quotas de responsabilidade limitada, segundo o Código das Sociedades Comerciais*, na "Revista da Ordem dos Advogados", Ano 47, n.º III, pág. 659-700.

CORREIA, Ferrer / XAVIER, Vasco Lobo / COELHO, Maria Ângela / CAEIRO, A.
- *Sociedades por quotas de responsabilidade limitada – anteprojecto de lei – 2.ª redacção e exposição de motivos*, na "Revista de Direito e Economia", Ano III (1977), n.º 1, pág. 153-224, e n.º 2, pág. 349-423, e Ano V, n.º 1, pág. 111-200.

CORREIA, Luís Brito
- *Direito comercial*, 2.º vol., *Sociedades comerciais*, A.A.F.D.L., Lisboa, 1989.

CORREIA, Miguel J. A. Pupo
- *Direito comercial*, Edições SPB, Lisboa, 1988.

COSTA, Ricardo Alberto Santos
- *A sociedade por quotas unipessoal no direito português*, Livraria Almedina, Coimbra, 2002.

DESCHAMPS, Christian Lapoyade
- *La liberté de se retirer d´une societé*, em Récueil Dalloz Sirey, 1978, 20.º Cahier, pág. 123-130.

FERRARA jr., Francesco / CORSI, Francesco
- *Gli imprenditori e le società*, Giuffrè Editore, Milano, 1999.

FERRI, Giuseppe
- *Recesso del socio e speciali ragioni di derroge ai criteri legali di valutazione nel bilancio di exercizio*, em "Rivista del diritto commerciale e del diritto generale delle obligazioni", Ano LXXIII (1975), parte 2.ª, pág. 134-142.

FLUME, Werner
- *El negócio juridico*, tradução José María Miquel Gonzāles e Esther Gómez Calle, Fundación Cultural del Notariado, Madrid, 1998.

FONSECA, Martins da
- *Amortização de quotas penhoradas*, na "Revista do Ministério Público", Ano 9.º (1988), n.º 33-34, pág. 109-119.

FRANÇA, Maria Augusta
- *Direito à exoneração*, em *Novas perspectivas do direito comercial*, pág. 205-227, Livraria Almedina, Coimbra, 1988.

FURTADO, Jorge Henrique Pinto
- *Deliberações dos sócios. Comentário ao Código das Sociedades Comerciais*, Livraria Almedina, Coimbra, 1993.
- *Curso de direito das sociedades*, 4.ª ed., Livraria Almedina, Coimbra, 2001.

GALLETTI, Danilo
- *Il recesso nelle società di capitali*, Giuffrè Editore, Milano, 2000.

GONÇALVES, Luiz da Cunha
- *Comentário ao Código Comercial Português*, vol. I, Empreza Editora J.B., Lisboa, 1914.

GLIOZZI, Ettore
- *Gli atti estrnei all' oggeto sociale nelle società per azioni*, Giuffrè Editore, Milano, 1974.

GRIPPO, GIOVANNI
- *Il recesso del socio*, em *Trattato delle società per azioni*, vol. 6*, de G.E. Colombo e G.B. Portale, pág. 133-194, UTET, Torino, 1997.

HENRIQUES, Paulo Alberto Videira
- *A desvinculação unilateral ad nutum nos contratos civis de sociedade e de mandato*, Coimbra Editora, Coimbra, 2001.

HÖRSTER, Heinrich Ewald
- *A parte geral do Código Civil Português. Teoria geral do direito civil*, (reimpressão), Livraria Almedina, Coimbra, 2001.

LABAREDA, João
- *Das acções das sociedades anónimas*, A.A.F.D.L., Lisboa, 1988.
- *Direito societário português – algumas questões*, Quid iuris, Lisboa, 1998.

LANZIO, Luigi
- *Il recesso del socio di s.r.l.*, em "Le Società", n.º 2, 2004, pág. 152-156.

LEITÃO, Luís Manuel Teles de Menezes
- *Contrato de sociedade civil*, em *Direito das obrigações*, 3.º vol., *Contratos em especial*, sob a coordenação de António Menezes Cordeiro, pág. 97-184, A.A.F.D.L., Lisboa, 1991.
- *O ensino do direito das obrigações. Relatório sobre o programa, conteúdo e métodos de ensino da disciplina*, Livraria Almedina, Coimbra, 2001.

LIMA, Fernando Andrade Pires de / VARELA, João de Matos Antunes
– *Código Civil anotado*, vol. I, 4.º ed., Coimbra Editora, Coimbra, 1987.

LOURENÇO, Santos
– *Das sociedades por cotas – Comentário à lei de 11 de Abril de 1901*, I e II vol., Lisboa, s/data.

MARCOS, Rui Manuel de Figueiredo
– *As companhias pombalinas. Contributo para a história das sociedades por acções em Portugal*, Livraria Almedina, Coimbra, 1997.

MATOS, Albino de
– *Constituição de sociedades: teoria e prática: formulário*, 5.ª ed., Livraria Almedina, Coimbra, 2001.

MONTAGNANI, Caterina
– *Recesso e riduzione del capitale sociale: ancora in tema di sopravalutazione dei conferimenti in natura*, em "Rivista di diritto civile", Ano XLI (1995), n.º 4, parte II, pág. 305-324.

NETO, Abílio
– *Notas práticas ao Código das Sociedades Comerciais*, Livraria Petrony, Lisboa, 1989.

NICCOLINI, Giuseppe
– *Recesso per giusta causa del socio di società di capitali*, em "Rivista del diritto commerciale e del diritto generale delle obbligazioni", Ano XC (1992), parte 2.ª, pág. 73-81.

NUNES, A. J. Avelãs
– *O direito de exclusão de sócios nas sociedades comerciais*, Livraria Almedina, Coimbra, reimp., 2002.

OLAVO, Fernando
– *Alguns apontamentos sobre a reforma da legislação comercial*, no "Boletim do Ministério da Justiça", n.º 293, pág. 5-22.

PATRY, Robert
– *Précis de droit suisse des sociétés*, vol. II, *La société anonyme. Les societétés mixtes*, Éditions Staempeli & Cie SA, Berne, 1977.

PINTO, Carlos Alberto da Mota
– *Teoria geral do direito civil*, 3.ª ed., Coimbra Editora, Coimbra, 1996.

PINTO, Paulo Cardoso Correia da Mota
– *Declaração tácita e comportamento concludente no negócio jurídico*, Livraria Almedina, Coimbra, 1995.

PRAZERES, GAMA
– *Sociedades por quotas e anónimas*, Athena, Porto, 1971.

PROENÇA, José Carlos Brandão
– *A resolução do contrato no direito civil*, Separata do "Boletim da Faculdade de Direito da Universidade de Coimbra", n.º XXII, Coimbra, 1982.

RAMOS, Agustín Aguilera
– *El derecho de separación del socio*, em *Derecho de sociedades de responsabilidad limitada*, tomo II, pág. 997-1021, McGraw-Hill, Madrid, 1996.

ROCHA, Maria Vitória
– *Aquisição de acções próprias no Código das Sociedades Comerciais*, Livraria Almedina, Coimbra, 1994.

SANTO, João Espírito
– *Sociedades por quotas e anónimas, vinculação: objecto social e representação plural*, Livraria Almedina, Coimbra, 2000.

SERRA, Adriano Vaz
– *Prescrição extintiva e caducidade*, no "Boletim do Ministério da Justiça", n.º 107, pág. 159-306.

SILVA, F. V. Gonçalves da / PEREIRA, J. M. Esteves
– *Contabilidade das sociedades*, 9.ª ed., Plátano Editora, Lisboa, 1991.

SOARES, António
– *O novo regime da amortização de quotas*, A.A.F.D.L., Lisboa, 1988.

SOUTO, Adolpho de Azevedo
– *Lei das sociedades por quotas anotada*, 4.ª ed., revista e actualizada por Manuel Baptista Dias da Fonseca, Coimbra Editora, Coimbra, 1955.

SPEDICATI, Deborah
– *Il diritto di ricesso: il rimborso del recedente*, em "Rivista delle società", Ano 38.º (1993), pág. 681-695.

TANTINI, Giovanni
– *Le modificazioni dell' atto costitutivo nela società per azioni*, Cedam, Padova. 1973.

TAVARES, José Maria Joaquim
– *Sociedades e empresas comerciais*, Coimbra Editora, Coimbra, 1924.

VARELA, João de Matos Antunes
– *Das obrigações em geral*, II vol, 7.ª ed. (reimpressão), Livraria Almedina, Coimbra, 2001.

VASCONCELOS, Joana
– *A cisão de sociedades*, Universidade Católica Editora, Lisboa, 2001.

VENTURA, Raúl
– *Cessão de quotas*, F.D.L., Separata da "Revista da Faculdade de Direito da Universidade de Lisboa", vol. 21, Lisboa, 1961.
– *Amortização de quotas. Aquisição de quotas próprias*, Centro de Estudos da Direcção-Geral das Contribuições e Impostos, Lisboa, 1966.
– *Transformação de sociedades (Anteprojecto e notas justificativas)*, no "Boletim do Ministério da Justiça", n.º 218, pág. 5-119, n.º 219, pág. 11-73, e n.º 220, pág. 18-83.
– *Adaptação do direito português à 1.ª directiva do Conselho da Comunidade Económica Europeia sobre direito das sociedades*, Separata do "Boletim do Ministério da Justiça – Documentação e Direito Comparado", n.º 2, Lisboa, 1981.

- *Alterações do contrato de sociedade. Comentário ao Código das Sociedades Comerciais*, Livraria Almedina, Coimbra, 1986.
- *Dissolução e liquidação de sociedades. Comentário ao Código das Sociedades Comerciais*, Livraria Almedina, Coimbra, 1987.
- *Sociedades por quotas. Comentário ao Código das Sociedades Comerciais*, vol. I (art.º 197.º a 239.º), 2.ª ed, 1989; vol. II (art.º 240.º a 251.º), 1989; vol. III (art.º 252.º a 264.º), 1991, todos da Livraria Almedina, Coimbra.
- *Fusão, cisão, transformação de sociedades. Comentário ao Código das Sociedades Comerciais*, Livraria Almedina, Coimbra, 1990.
- *Estudos vários sobre sociedades anónimas. Comentário ao Código das Sociedades Comerciais*, Livraria Almedina, Coimbra, 1992.
- *Novos estudos sobre sociedades anónimas e sociedades em nome colectivo. Comentário ao Código das Sociedades Comerciais*, Livraria Almedina, Coimbra, 1994.

VISENTINI, Bruno
- *Azioni di società*, em "Enciclopedia del diritto", vol. IV, pág. 967-1003, Giuffrè Editore, Milano, 1959.

XAVIER, Vasco da Gama Lobo
- *Anulação de deliberação social e deliberações conexas*, Atlântida Editora, Coimbra, 1975.

JURISPRUDÊNCIA

Acórdãos do Supremo Tribunal de Justiça :
- de 19-12-1960, no B.M.J. nº 94, pág. 911, relatado por Morais Cabral.
- de 13-4-1962, no B.M.J. nº 116, pág. 517, relatado por José Osório.
- de 29-6-1973, na R.T., Ano 91, pág. 323, relatado por Oliveira Carvalho.
- de 24-6-1993, no B.M.J. nº 428, pág. 625, relatado por Sampaio da Silva.
- de 2-10-1997, no B.M.J. nº 470, pág. 619, relatado por Lúcio Teixeira.
- de 7-10-1997, na C.J., Ano V, tomo 3, pág. 52, relatado por Machado Soares.

Acórdãos da Relação de Coimbra :
- de 26-7-1983, na C.J., Ano VIII, tomo 4, pág. 50, relatado por Baltazar Coelho.
- de 14-2-1990, na C.J., Ano XV, tomo I, pág. 97, relatado por Roger Bennet.

Acórdãos da Relação de Lisboa :
- de 29-10-2002, na C.J., Ano XXVII, tomo 4, pág. 106, relatado por Abrantes Geraldes.

Acórdãos da Relação do Porto :
- de 23-1-1986, na C.J., Ano XI, tomo 1, pág. 270, relatado por Jorge Vasconcelos.
- de 25-6-1987, na C.J., Ano XII, tomo 3, pág. 212, relatado por Jorge Vascocelos.
- de 9-11-1999, na C.J., Ano XXIV, tomo 5, pág. 180, relatado por Pinto Ferreira.

ÍNDICE

NOTAS PRÉVIAS 5

ABREVIATURAS 7

Introdução 9

Evolução legislativa 15

Noção e características do direito de exoneração 23

Fundamentos do direito de exoneração 33

1. Causas legais 36
    1.1. Direito de exoneração devido à existência duma proibição de cessão de quotas 43
    1.2. Direito de exoneração por existência de vícios na formação da vontade do sócio na constituição da sociedade 46
    1.3. Direito de exoneração por oposição à deliberação de aumento de capital a subscrever total ou parcialmente por terceiros 57
    1.4. Direito de exoneração por oposição à deliberação de mudança do objecto social 59
    1.5. Direito de exoneração por oposição à deliberação de prorrogação da duração da sociedade 62
    1.6. Direito de exoneração por oposição à deliberação de regresso à actividade da sociedade dissolvida 66
    1.7. Direito de exoneração em caso de regresso à actividade da sociedade dissolvida, após início da partilha, quando resulte consideravelmente diminuída a participação de algum sócio no capital da sociedade 67
    1.8. Direito de exoneração por oposição à deliberação de transferência da sede principal e efectiva dos orgãos de administração da sociedade para o estrangeiro 69
    1.9. Direito de exoneração por oposição à deliberação de transformação da sociedade por quotas noutro tipo de sociedade 72

1.10. Direito de exoneração com fundamento em interpelação para pagamento de
       entrada relativa a nova quota, resultante de aumento de capital 78
1.11. Direito de exoneração com fundamento em não exclusão de sócio 80

2. Causas contratuais 82

Exercício do direito de exoneração 85
1. Legitimidade 86
2. A declaração de exoneração 97
3. A extinção da participação social 109
   3.1. A amortização da quota 114
   3.2. A aquisição da quota pela sociedade 122
   3.3. A aquisição da quota por outro sócio ou terceiro 127
   3.4. A contrapartida pela perda da quota 129

Efeitos da exoneração 141

A dissolução da sociedade como alternativa à exoneração 147

BIBLIOGRAFIA 151

JURISPRUDÊNCIA 157

ÍNDICE 159